FABIAN W. W. MAURUSCHAT

EINE KLEINE GESCHICHTE DER VIDEOGAMES

FABIAN W. W. MAURUSCHAT

EINE KLEINE GESCHICHTE DER VIDEOGAMES

VON TETRIS BIS CYBERPUNK 2077

riva

Bibliografische Information der Deutschen Nationalbibliothek
Die Deutsche Nationalbibliothek verzeichnet diese Publikation in der Deutschen Nationalbibliografie; detaillierte bibliografische Daten sind im Internet über http://d-nb.de abrufbar.

Für Fragen und Anregungen
info@rivaverlag.de

Wichtiger Hinweis
Ausschließlich zum Zweck der besseren Lesbarkeit wurde auf eine genderspezifische Schreibweise sowie eine Mehrfachbezeichnung verzichtet. Alle personenbezogenen Bezeichnungen sind somit geschlechtsneutral zu verstehen.

1. Auflage 2021

Türkenstraße 89
80799 München
Tel.: 089 651285-0
Fax: 089 652096

Umschlaggestaltung: Marc-Torben Fischer
Umschlagabbildung: shutterstock.com/Tereshchenko Dmitry, The7Dew, Olof Bergqvist, zigzag design, ace03, Roman3dArt
Abbildungen im Innenteil: shutterstock.com/Palau, Victor Metelskiy, Dahuk Design, rootstock, kosmofish, marysuperstudio, Flametric, House@ BrasilArtStudio, Marco's studio, Oleksandr Khoma, Darya Sarakouskaya, Artco, Kseniya Takcean, Phoenix 1319, paramouse, Andrew Derr, Alexandr III
Layout und Satz: abavo GmbH, Buchloe
Druck: CPI books GmbH, Leck
Printed in Germany

ISBN Print 978-3-7423-1937-1
ISBN E-Book (PDF) 978-3-7453-1667-4
ISBN E-Book (EPUB, Mobi) 978-3-7453-1668-1

Wir produzieren nachhaltig
www.m-vg.de

Weitere Informationen zum Verlag finden Sie unter
www.rivaverlag.de
Beachten Sie auch unsere weiteren Verlage unter www.m-vg.de

INHALT

EINLEITUNG

Endlich ist die Schicksalsklinge gefunden, alle Pokémons sind gefangen, die Zerg besiegt. Das Spiel ist zu Ende. Eigentlich können wir jetzt den PC oder die Konsole abschalten. Andererseits könnten wir auch noch ewig weiterspielen.

Wer Videogames liebt, kennt diese Mischung aus Triumph und Wehmut am Ende eines Spiels. Noch mehr als in einem guten Buch oder Film ziehen uns digitale Welten in ihren Bann. Dort erleben wir Abenteuer und stellen uns Aufgaben, an denen wir zunächst oft scheitern – bis wir sie schließlich meistern und daran wachsen. Videogames sind der Grund, warum wir ganze Nächte durchzocken, online Freundschaften schließen und imaginäre Pixelmonster mit Inbrunst hassen. In diesem Buch geht es um die Geschichte der Videogames – von ihren Anfängen als technische Spielereien im beginnenden Informationszeitalter bis zu einer milliardenschweren Unterhaltungsindustrie, deren Produkte die halbe Menschheit kennt.

Es handelt sich hier um eine »kleine« Geschichte. Wäre es eine »vollständige« Geschichte, so benötigte man eine 30-bändige lexikalische Ausgabe. Wenn also Ihr liebstes Game, die Konsole Ihrer Kindheit oder das Ihrer Meinung nach beste Entwicklungsstudio aller Zeiten keine Erwähnung findet, heißt das nicht, dass es irrelevant oder schlecht war. Der Eintrag hat einfach nicht mehr reingepasst. Aber hoffentlich stoßen Sie auf Games, Fakten und Zusammenhänge, von denen Sie noch nie zuvor gehört haben. Denn auch die Vergangenheit ist eine Welt voller verborgener Schätze.

LOADING ...
DIE ANFÄNGE

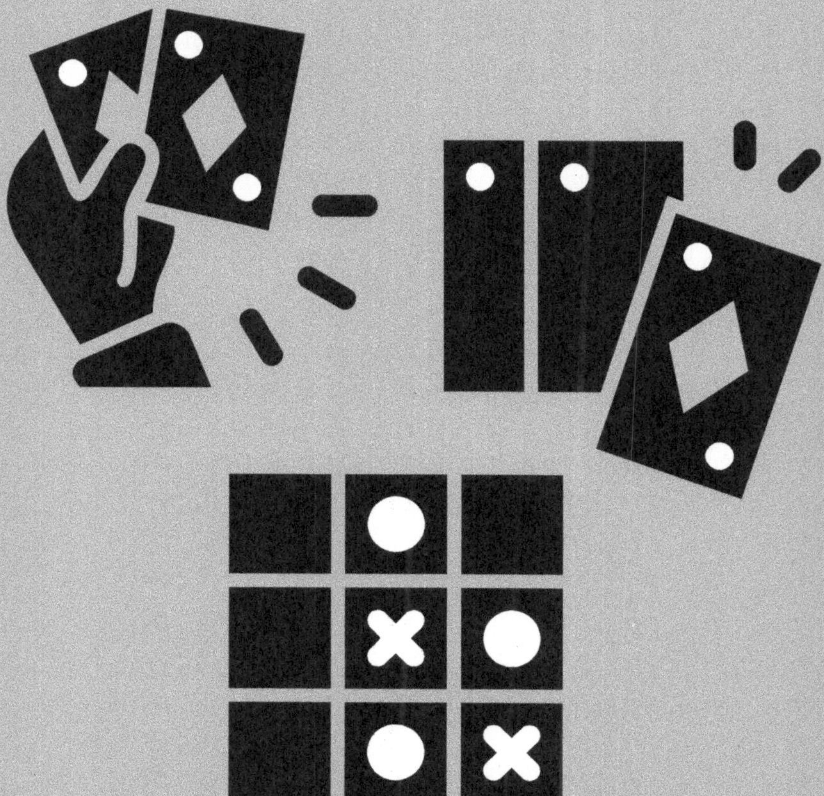

DIE SPIELE BEGINNEN

Wie der Untertitel dieses Buches – *Von Tetris bis Cyberpunk 2077* – nahelegt, beginnt für viele das Zeitalter der Videogames mit *Tetris* von 1986. Oder, wenn man ein bisschen tiefer im kulturellen Gedächtnis gräbt, 1972 mit *Pong*. Dabei gibt es doch schon ziemlich lange Spiele mit und ohne elektronische Unterstützung.

KATHODENRÖHRENSPIELE

Jetzt wird es kontrovers: Für manche zählt das *Cathode Ray Tube Amusement Device* von 1946 schon als das erste Videospiel der Geschichte. Nach einer einfachen Definition ist die Sache klar: Man spielt an einem elektronischen Gerät und sieht das Ergebnis der Interaktion auf einem Bildschirm. Natürlich ist das ein Videospiel! Oder? Das Prinzip der Entwickler Thomas T. Goldsmith Jr. und Estle Ray Mann war ganz einfach: Auf dem Bildschirm eines Röhrenrechners konnte man mit einer Art Joystick einen Lichtpunkt hin- und herbewegen. Um ein Spiel daraus zu machen, legten die US-amerikanischen Entwickler bemalte Plastikfolien auf den Bildschirm. So konnte man durch das Navigieren zwischen aufgemalten Linien Punkte machen – die musste man sich aber merken oder aufschreiben. Es wurde also eher mit dem Computer gespielt, als dass der Computer selbst ein Spielprogramm besaß. Für die allgemein akzeptierte Definition eines Videogames gehören nämlich eine Programmierung und ein Speicher mit zu den Grundvoraussetzungen.

Die finden sich bei *OXO*. So hieß die digitale Umsetzung von *Tic-Tac-Toe*, die der Computerwissenschaftler Alexander Shafto ›Sandy‹ Douglas 1952 als seine Doktorarbeit programmiert hatte. Man trat über eine Telefon-Wählscheibe gegen eine Programmierung an, die ein perfektes Spielergebnis erzielen konnte. *OXO* war der Öffentlichkeit nicht zugänglich, da der Computer – der Electronic Delay Storage Automatic Calculator, der einen ganzen Raum ausfüllte – nur mit Genehmigung zu Forschungszwecken genutzt werden durfte. Die ersten Games waren also nur etwas für einen streng eingegrenzten Personenkreis. Und auch das *Cathode Ray Tube Amusement Device* blieb ein Einzelstück: Goldsmith und Ray meldeten zwar das Patent an, verwirklichten aber nie eine Massenproduktion.

NIMATRON

1939 entstand der erste spielende Computer, wenn auch ohne Bildschirm: Der Nuklearphysiker Edward Condon sah sich damals die Schaltkreise von Geigerzählern genau an und kam auf einen Gedanken: Damit kann man ja auch spielen! Also begann er mit der Konstruktion einer Maschine namens Nimatron, die das Spiel *Nim* spielen konnte. Bei *Nim* geht es darum, zu zweit und abwechselnd eine oder mehrere Glühlampen einer beliebigen Reihe auszuschalten. Insgesamt sind die Lampen in vier Siebener-Reihen angeordnet. Wer die letzte Glühbirne ausmacht, gewinnt. Mit dem Nimatron wollte Condon demonstrieren, wie eine Reihe von elektromechanischen Relais eine Entscheidung nach einer einfachen mathematischen Regel treffen kann. Condon baute zusammen mit Helfern den tonnenschweren Rechner, der auf der New Yorker Weltausstellung von 1939 wohl um die 100 000 *Nim*-Partien spielte – und 90 000 davon gewann! Um das Erlebnis weniger frustrierend zu machen, baute Condon eine Wartezeit

für die Züge des Nimatron ein. Damit hatte es den Anschein, dass die Maschine auch einige Zeit zum »Nachdenken« brauchte. Condon bereute später, seine Idee nicht besser vermarktet zu haben. *Nim* kann heutzutage in mehreren Varianten als App heruntergeladen werden.
1962 entstand eine *Nim*-Variante hinter dem Eisernen Vorhang: In Wrocław programmierte der Ingenieur Witold Podgórski *Marienbad*, eine Adaption von *Nim* für einen Computer vom Typ Odra 1003. Inspiriert hatte ihn ein Artikel über eine *Nim*-Variante, die im Film *Letztes Jahr in Marienbad* gespielt wird.

HOMO LUDENS

OXO, *Nimatron* und *Cathode Ray Tube Amusement Device* waren die Vorläufer eines globalen Trends. Denn nichts liebt der Mensch so sehr wie Spiele im Allgemeinen. Offenbar wollen wir immer wieder aufs Neue beim Gewinnen triumphieren oder aus dem Scheitern lernen – umso mehr, wenn wir dabei auf einen wie auch immer gearteten Bildschirm schauen. Allein 2020 hat das Portal Statista 2,4 Milliarden Menschen als mobile Gamer eingestuft. Über die Verbundenheit von Mensch und Spiel hat schon 1938 der niederländische Kulturhistoriker Johan Huizinga ein Buch unter dem Namen *Homo Ludens* veröffentlicht. Der lateinische Name ist schnell erklärt: *Homo* ist der biologische Begriff für den Menschen, und *ludens* heißt »spielend«. Klar, der Mensch spielt gerne. Das ist doch nichts Neues. Aber, so Huizinga, der Mensch entwickelt seine kulturellen Fähigkeiten über das Spiel: Wir entdecken im Spiel als Kinder unsere individuellen Eigenschaften. Unsere Erfahrungen im Spiel machen uns zu denen, die wir sind. Wir lernen Grenzen kennen und stellen fest, ob und wie wir sie überschreiten. Kurzum: Wir finden unseren Sinn. Das steht im Gegensatz zum Modell *Homo faber. Faber* steht für »Handwerker« und der *Homo faber* ist der Menschentyp, der aktiv in seine Umwelt eingreift. Scheint also eine Grundsatzfrage zu sein: Sind wir Spieler oder sind wir Macher? Und wie lässt sich das in *Minecraft* festlegen – da spielen wir ja, Macher zu sein.

WAS IST EIN SPIEL?

Nach Johan Huizinga:

- eine freiwillige Handlung oder Beschäftigung,
- innerhalb gewisser festgesetzter Grenzen von Zeit und Raum,
- nach freiwillig angenommenen, aber unbedingt bindenden Regeln,
- hat sein Ziel in sich selbst,
- begleitet von einem Gefühl der Spannung und Freude und einem Bewusstsein des Andersseins im Vergleich zum gewöhnlichen Leben.

ERSTE SOLO-SPIELE: *PATIENCE* UND CO.

Das Solo-Spiel gab es schon lange vor Gameboy, Switch und Co. Noch bevor uns unsere Eltern empfohlen haben, den Computer auszumachen und raus in dieses sogenannte »Real Life« zu gehen, haben Menschen ganz alleine gegen einen Zufallsalgorithmus gespielt: mit einem einfachen Kartenspiel. Per Shuffle-Funktion bot jede Partie *Patience* ein neues Spielerlebnis. Die Geburtsstunde des Singleplayer-Modus für

52 Karten lag angeblich in der Französischen Revolution: Es heißt, ein eingekerkerter Adliger habe sich damit die Zeit bis zu seiner Hinrichtung vertrieben. Eine nette Legende, bis auf den Teil mit der Hinrichtung natürlich. Aber man kann wohl davon ausgehen, dass *Patience* tatsächlich in den Jahren nach der Französischen Revolution belegt ist. Napoleon soll sich damit die Zeit nach seiner Verbannung vertrieben haben, was die Theorie untermauert, dass die abgelegene Insel St. Helena einer der ödesten Orte der Welt ist. Wahrscheinlich aber hat Napoleon nicht *Patience* gespielt, sondern Karten gezogen, um die besten Kombinationen für das Spiel *Whist* auszuprobieren. Und das ist nicht der einzige Mythos um das *Patience*-Spiel. Laut dem Buch *Patience Napoléon: Studies in the history of the game of Patience* stammt das Solo-Cardgame eher aus dem deutschen oder skandinavischen Raum. Möglicherweise wurde es auch nicht notwendigerweise solo gespielt. Im Buch *Der neue Spielalmanach für 1798* steht, dass *Patience* abwechselnd zu zweit gespielt wird, wobei Umstehende auf den Ausgang Wetten abschließen. Solo-*Patience* war dann vielleicht nur so etwas wie ein Übungsmodus für das Turnierspiel.

Dank *Patience* könnte man also den Kartenstapel als eine der frühesten Handheld-Konsolen bezeichnen, sogar mit mehreren Spielmodulen (Varianten wie *Die gute Dreizehn*, *Die Farbenelf* oder *Die Hochzeit*) und Multiplayer-Modus. Eine direkte Verbindung zum Gameboy-Entwickler Nintendo, der 1889 als Hersteller von Hanafuda-Karten gegründet wurde, ist unbekannt.

DIE DIFFERENZMASCHINE

Vielleicht wäre die Geschichte der Computer und damit auch die Geschichte der Videogames komplett anders gelaufen, wenn 1878 ein Komitee der British Association for the Advancement of Science nicht davon abgeraten hätte, die Analytical Engine von Charles Babbage zu bauen. Diese analytische Maschine wäre eine mechanische Rechenmaschine für allgemeine Anwendungen gewesen. Ähnliche Maschinen von Babbage liefen vorher durchaus zufriedenstellend. Möglicherweise hätte diese neue Gerätschaft das Informationszeitalter einige Jahrzehnte früher eingeleitet. Vielleicht wäre Ada Lovelace nicht nur die erste Programmiererin, sondern auch die erste Spiele-Programmiererin gewesen. Die Adlige hatte mit ihrem schriftlichen Plan zur Berechnung von Bernoulli-Zahlen mit der Maschine eines der ersten Computerprogramme geschrieben. Aber die Differenzmaschine blieb nur eine Blaupause und das viktorianische Informationszeitalter bleibt eine Fantasie, die nur in Büchern wie *Die Differenzmaschine* oder *NSA – Nationales Sicherheits-Amt* Wirklichkeit wird. Das Gehirn, dem die Differenzmaschine entsprungen ist, kann man heute noch bewundern. Charles Babbage vermachte es der Wissenschaft. Es ruht in einem Glas neben dem Nachbau seiner Maschinen im Science Museum in London.

DIE 1950ER: DAS ZEITALTER DER ELEKTRONENGEHIRNE

1951 wurde Ludwig Erhard, bekannt als Vater des Wirtschaftswunders, von einem Elektronengehirn besiegt. Drei Mal. Erhard besuchte den britischen Pavillon auf der Berliner Industrieausstellung und traf dort auf Nimrod. Der Elektronenrecher der englischen Firma Ferranti war wie sein Vorfahr Nimatron darauf programmiert, das Spiel *Nim* zu beherrschen. Wie schon der Nimatron diente der spielende Rechner nur dazu, die Funktion der Elektronengehirne zu demonstrieren. Bei Nimrods erstem Auftreten beim Festival of Britain im selben Jahr verkaufte Ferranti ein Handbuch, das die Funktionsweise von Computern erklärte. Ein eigener Abschnitt widmet sich der Erklärung, warum eine so wichtige Maschine für so etwas Triviales wie Spiele verwendet wird. Dort heißt es, dass es zwar den Anschein habe, dass wir unsere Zeit damit verschwenden würden, Maschinen Spiele spielen zu lassen. Das sei nicht wahr, denn die Spieltheorie sei äußerst komplex, und eine Maschine, die ein komplexes Spiel gewinnen könne, könne auch so programmiert werden, dass sie sehr komplexe praktische Probleme löse. Was das für komplexe Probleme sind? Das Handbuch erklärt, es könne sich zum Beispiel um die Berechnung einer Volkswirtschaft in einem Land ohne Monopole und Freihandel handeln. Das klingt doch ein bisschen wie ein Versprechen, den rivalisierenden Ostblock mit seiner sozialistischen Planwirtschaft zu durchleuchten. So konnte man die Politik auch für seine Produkte interessieren. Konrad Adenauer war übrigens auch auf der Industrieausstellung, spielte aber nicht gegen Nimrod. Er wusste wohl, dass es gar nicht gut in der Presse aussehen würde, wenn ein Bundeskanzler gegen eine Rechenmaschine verliert.

Spielende Elektronengehirne auf Industrieausstellungen und Messen waren natürlich kein Zufall. So konnte jede Firma zeigen, was ihre Rechenmaschinen so draufhatten. Ähnlich wie *Bertie the Brain*, das 1950 auf der Canadian National Exhibition seine Fähigkeiten in *Tic-Tac-Toe* demonstrierte. Der Computeringenieur Josef Kates, geboren als Josef Katz in Wien und 1938 vor den Nazis geflohen, präsentierte damit seine Erfindung Additron. Der Additron war eine neue Elektronenröhre, damals ein elementarer Bestandteil der Rechenmaschinen. Schon damals erfanden Ingenieure wie Kates immer kleinere und energieeffizientere Bauteile von Computern – ein Trend, der für die Zukunft der Computerspiele noch sehr wichtig werden sollte. Denn ein vier Meter hohes *Bertie the Brain* oder einen eine Tonne wiegenden Nimrod können Sie nicht so einfach in Ihrer Jackentasche transportieren. Ein Smartphone mit Dutzenden weitaus komplexeren Spielen dagegen schon. Aber bis dahin war es noch ein weiter Weg.

TENNIS IM ATOMLABOR

Ein weiterer Schritt zum Sportspiel war *Tennis for Two* im Jahr 1958. In den 1950ern öffnete das US-Reaktorforschungszentrum Brookhaven National Laboratory jährlich in New York seine Türen für die Öffentlichkeit. In diesem Zentrum arbeitete auch der Physiker William Higinbotham. Er hatte in den 1940ern beim Manhattan-Projekt mitgeholfen, die Zeitschaltkreise für die ersten Atombomben zu bauen. Eine Arbeit, auf die er nicht stolz war. In Brookhaven arbeitete er vor allem an der friedlichen Nutzung der Atomenergie.

Higinbotham kam darauf, mit einem Spiel für die Unterhaltung der Besucher zu sorgen. Inspiriert hatte ihn der Analogcomputer Donner Model 30, der Flugbahnen mit Luftwiderstand berechnen konnte. Innerhalb weniger Stunden entwarf Higinbotham ein einfaches Tennis-Spiel. Zusammen mit dem Techniker Robert V. Dvorak schloss er einen Analogcomputer an einen Oszillografen (ein Bildschirm zur Spannungsmessung, ähnlich einem EKG-Monitor) an. So entstand *Tennis for Two*. Mit großen, viereckigen Controllern aus Aluminium bestimmten die Spielenden den Winkel ihrer Schläger und mit einem Knopfdruck schlugen sie ihn über das »Netz«. Schläger, Netz und Ball waren nicht mehr als Lichtpunkte beziehungsweise Striche auf dem gerade mal handgroßen Bildschirm, der an einen fünf Meter breiten Rechner angeschlossen war. Trotzdem waren die Besuchergruppen beim Tag der offenen Tür so begeistert von der einfachen Tennis-Simulation, dass sie den Spielcomputer regelrecht belagerten. Der große Erfolg sorgte dafür, dass im Jahr 1959 eine verbesserte Version beim Tag der offenen Tür präsentiert wurde: mit einem größeren Bildschirm und veränderbarer Schwerkraft. So konnte man Gravitation wie auf dem Mond oder auf dem Jupiter einstellen. Nach seinem zweiten Auftreten verschwand *Tennis for Two* aber aus der Weltgeschichte. Die Einzelteile wurden für neue Forschungsprojekte benötigt. Higinbotham arbeitete später für die amerikanische Atomkontrollbehörde. Erst in den 1970er-Jahren wurde seine Erfindung bekannt – dazu später mehr.

DIE 1960ER: DIE WELT IST FAST BEREIT

In den Jahren zuvor waren zwar einige Spiele entstanden, die als Videogames oder direkte Vorgänger gelten können. Aber noch war niemand auf die Idee gekommen, damit wirklich Geld zu verdienen.

KRIEG IM WELTALL!

All die Jahre zuvor waren es immer wieder Elektronengehirne an Universitäten, die zu Spielgeräten gemacht wurden. So erging es auch dem PDP-1, einem 120 000 Dollar teurem Großrechner, der 1961 einem Rudel Nerds am Massachusetts Institute of Technolgy (MIT) in die Hände fiel. Okay, »in die Hände fiel« ist etwas übertrieben. Und »Rudel Nerds« ist vielleicht nicht ganz fair. Der Tech Model Railroad Club am MIT war ein Studentenklub von Modelleisenbahnfans. Die Mitglieder liebten es, komplexe kleine Bahnnetze zu konstruieren. Sie liebten es auch, die teuren Computer ihrer Uni für alles zu benutzen, was ihnen Spaß machte und ihre Dozenten zur Weißglut trieb. Als sie davon hörten, dass ein Exemplar des Computers PDP-1 (Programmed Data Processor 1) ans MIT kommen sollte, bildete sich spontan ein Komitee aus ihrer Mitte. Martin Graetz, Wayne Witaenem und Steve Russell überlegten sich, was sie mit dem PDP-1 alles anstellen könnten. Sie entschieden sich schließlich für ein Spiel. Witaenem schlug etwas mit Raumschiffen vor, die über den Bildschirm bewegt werden sollten. Denn natürlich waren alle Klubmitglieder auch Science-Fiction-Fans. Russell übernahm die Programmierung. Oder vielmehr versprach er, sich um die Programmierung zu kümmern.

HACKER-CULTURE

Der Tech Model Railroad Club war einer der Ursprünge der Hacker-Gegenkultur, die später in den USA entstehen sollte. Ein *hack* war in ihren Kreisen ein Unterfangen oder Projekt, das aus reinem Spaß an der Freude unternommen oder angegangen wurde. Das Wort bezeichnete schon vorher einen gelungenen Streich am MIT-Campus. Die Hacker des Railroad Clubs waren die Studenten, die am eifrigsten an der Stromversorgung und den Lichtern der Modelleisenbahnanlage werkelten.

Lange Zeit geschah nichts, was für die Mitglieder des Klubs nicht hinnehmbar war. ›Slug‹ Russell«, erinnerte sich in einer Doku des Computer History Museum, dass er acht Wochen deswegen zugetextet worden und dies ihm so peinlich gewesen sei, dass er dann doch noch den Code geschrieben hätte. Bald war *Spacewar!* fertig. Oder zumindest die erste Version. Das Prinzip: Zwei Leute können gegeneinander spielen. Jede Partei übernimmt die Steuerung eines Raumschiffs. Eines heißt *needle* (Nadel), das andere *wedge* (Keil). Jedes Schiff verfügt über ein begrenztes Waffenarsenal und Treibstoffvorräte. Das Ziel ist es, das gegnerische Schiff zu zerstören. Natürlich kamen die Nerds aus dem Eisenbahnklub gleich mit eigenen Ideen an, um das Spiel zu verbessern. So hatten die Raumschiffe keine Massenträgheit, was ja sogar logisch war. Im Weltall waren sie natürlich schwerelos, einmal beschleunigt, hielt sie nichts auf. Das machte das Spielen von *Spacewar!* aber unnötig kompliziert. Also schrieb das Klubmitglied Dan Edwards den Code für einen Stern in der Mitte des Spielfelds. Dieser Stern verfügte über eine eigene Schwerkraft, die die Raumschiffe anzog und bei einer Kollision zerstörte. Wer geschickt war, konnte das Schwerkraftfeld nutzen, um dem eigenen Schiff Schwung zu verleihen. Ein anderer Kommilitone kam auf den Gedanken, eine Sternenkarte in den Hintergrund des Bildschirms zu legen. So konnte man besser die Geschwindigkeit der Raumschiffe einschätzen. Ein weiteres Klubmitglied baute einen Controller, weil die Schalter des PDP-1 ungünstig angebracht waren. Schließlich gab es noch den Hyperspace-Knopf. Man konnte ihn drücken, damit das eigene Raumschiff verschwand und an einer zufälligen Stelle des Bildschirms wieder auftauchte. Die Klubmitglieder gaben Kopien des Spiels an andere Labore mit einem PDP-1 weiter. In anderen Forschungseinrichtungen arbeitete man an Versionen, die auf anderen Computern liefen. Und schließlich nutzte der Hersteller Digital Equipment Corporation *Spacewar!*, um seine Kunden von den Fähigkeiten des PDP-1 zu überzeugen.

GRUNDLAGEN DES INTERSTELLAREN KRIEGS

Spacewar! hat viele Elemente moderner Videogames begründet:

- **Sie sehen unterschiedlich aus, können aber das Gleiche!**
  Es gibt absolut keinen Unterschied zwischen *needle* und *wedge* – außer ihrem äußeren Design. Beide Schiffe sind gleich schnell, feuern die gleichen Torpedos …
- **Das geht besser!**
  Seit dem ersten Tag wurde *Spacewar!* modifiziert: Gravitation, Sternenkarte, später kamen auch Tarnvorrichtungen und Minen dazu.

- **Treffer, versenkt!**
  Ein Treffer, und das Schiff explodiert. Super Mario kennt das.
- **Der Raum ist gekrümmt!**
  Fliegt man links aus dem Schirm, kommt man rechts wieder rein. Pac-Man kennt das.
- **Player versus Player!**
  Spacewar! funktioniert nur zu zweit.
- **Kein Plot ist auch kein Problem!**
  Spacewar! hat keine Story. Spielen lässt es sich umso besser.

BABYLONISCHE PLANWIRTSCHAFT

Echte Kenner wissen: Videogames sind weit mehr als Rumballern im Weltraum. Viele Spiele fordern strategische Kenntnisse und taktische Fähigkeiten. Und das schon seit 1964. Damals untersuchten IBM und die Bildungseinrichtungen im Westchester County von New York den Einsatz von Computersimulationen im Unterricht. Für die Grundschullehrerin Mabel Addis eine willkommene Gelegenheit. Sie entwickelte die Simulation *The Sumerian Game*. Die Idee dazu hatte sie, weil im Unterricht ihrer Zeit Zivilisationen aus der Zeit vor den Griechen oft vernachlässigt wurden. Also widmete sie ihr pädagogisches Spiel der sumerischen Kultur auf dem Gebiet des heutigen Iraks. In *The Sumerian Game* schlüpft man in die Rolle von aufeinanderfolgenden Herrschern (Luduga I, Luduga II und – wenig überraschend – Luduga III) der Stadt Lagasch im Jahr 3500 vor unserer Zeitrechnung. Beim Spielen erhält Luduga in Textform Informationen darüber, wie viel Getreide die Bauern erwirtschaftet haben, wie groß die Bevölkerung ist und wie groß das Ackerland. Jetzt muss man sich dafür entscheiden, wie viel Getreide zum Verzehr freigegeben, wie viel eingepflanzt und wie viel eingelagert wird. Der Computer berechnet dann, wie sich Ludugas Entscheidungen auf den weiteren Verlauf des Spiels auswirken. Außerdem können Katastrophen wie Überschwemmungen oder Feuer den Spielverlauf beeinflussen. Ratten und Fäule können Teile der Vorräte vernichten. Bei erfolgreichem Führungsstil können auch technologische Fortschritte erzielt werden. Nach der ersten Phase unter Luduga I spielte man die beiden folgenden Phasen unter Luduga II, wo das Handwerk dazukommt, und Luduga III, wo auch der Handel eine Rolle spielt. Insgesamt bot *The Sumerian Game* viele Elemente, die später in Titeln wie *SimCity* oder *Civilization* wieder auftauchten. Sei es die Herrscherrolle, das vorausschauende Planen oder Zufallsereignisse: *The Sumerian Game* wies den Weg. Außerdem war das Spiel für damalige Verhältnisse ausgesprochen multimedial. Der IBM-Rechner steuerte auch einen Drucker, einen Diaprojektor und einen Kassettenrekorder. Das bedeutete, dass auch gesprochener Text und Bilder zur Unterstützung des Spiels herangezogen wurden. Später landete das Spiel allerdings in den Archiven von IBM. Teilweise lebte *The Sumerian Game* allerdings weiter: In Gestalt von *Hamurabi*. Dieses Spiel war eine rein textbasierte Wirtschaftssimulation, kam also ohne Bild und Ton aus. 1968 schrieb es ein Programmierer als Demonstration für die neue Programmiersprache FOCAL und nannte es *King of Sumeria*. 1973 wurde es auf die Programmiersprache BASIC portiert und gelangte durch das Buch *BASIC-Computer-Spiele* an die Öffentlichkeit. Dabei passierte wohl auch der Schreibfehler, der den babylonischen König Hammurabi sein zweites »M« kostete. Den Erfolg reduzierte der Titel aber nicht, *Hamurabi* kam ordentlich rum und beeinflusste das Game-Design der folgenden Jahrzehnte.

Ein weiteres textbasiertes Geschichtslernspiel ist *The Oregon Trail* von 1971, das bis heute für seine etwas makabren Game-Over-Botschaften wie »Du bist an Ruhr gestorben« bekannt ist. Das Ziel des Spiels ist es, einen Pionier-Treck über die Rocky Mountains anzuführen.

HIER LERNT MAN WENIGSTENS ETWAS: PÄDAGOGISCHE SPIELE

The Sumerian Game war nicht nur die erste Zivilisationssimulation, sondern auch das erste pädagogische Spiel – kein Wunder, wenn eine Lehrerin das Design übernimmt. Seit dem Jahr 2000 erleben Videogames mit pädagogischen Inhalten einen Aufschwung, so die Pädagogin Janine Schledjewski im Buch *Spiel versus Leben. Wie Computerspiele unser Leben verändern.*[1] Wenn Spielen Spaß mache und der Lerninhalt in ein Spiel verpackt werde, dann werde auch das Lernen Spaß machen. Ob das immer klappt, ist allerdings fraglich. Nur sehr selten können Lernspiele mit den Top-Titeln der großen Entwicklerfirmen mithalten. Deren Routinen nachzumachen, bringt ja auch nichts. Wenn Musik- und Soundeffekte mit hektischer Action kombiniert werden, ist einfach kein Platz für Lerninhalte. Trotzdem gelingt es immer wieder, Videogames mit Pädagogik zu kombinieren, ohne dass die Schulkinder vorm Tablet eindösen. *Squirrel & Bär* zum

1 Von dem der Autor dieser Zeilen Mitherausgeber ist

Beispiel verbindet eine schöne Geschichte mit dem Lernen einer Sprache.
Auch Erwachsene können aus Spielen lernen. Solche Videogames sind ein Teil des Bereichs Serious Games und werden vor allem in der Berufsausbildung angewandt – von Flugsimulatoren bis hin zu medizinischen Simulationen.

BAER AN DER BUSHALTESTELLE

1966 stand Ralph Baer an einer Bushaltestelle in New York und langweilte sich. Er konnte in dieser Situation nicht das machen, was heute wohl die meisten machen würden: das Smartphone aus der Tasche ziehen und etwas zocken. Also dachte er nach und hatte eine Idee: Er hatte doch einmal in den 1950ern als Radio- und TV-Techniker für seinen Arbeitgeber einen Fernseher zusammengesetzt. Dabei hatten er und seine Kollegen festgestellt, dass man Linien, Punkte und andere Muster auf dem Bildschirm hin- und herbewegen konnte. In Baers Augen war das damals eine unwichtige Spielerei, die er schnell wieder vergaß – bis zu jenem Bushaltestellenmoment im Jahr 1966. Wie im Buch *Replay* von Tristan Donovan nachzulesen ist, stellte sich Baer dabei vor, diese Muster als Spiel zu konzipieren. Also setzte er sich in sein Büro und schrieb die Idee auf: Für 19,95 Dollar konnte man doch sicher ein Spielgerät bauen, dass sich an einen Fernseher anschließen ließe. Zwar war Baer, ein jüdischstämmiger Flüchtling aus Nazideutschland, zu diesem Zeitpunkt schon lange kein Fernsehtechniker mehr, sondern Chefingenieur beim Militärunternehmen Sanders Associates. Trotzdem gelang es ihm, seine Vorgesetzten dafür zu begeistern: Baer schrieb in seinem Buch *Videogames: In the Beginning* von 2005 von einer ausgesprochen guten Geschäftsidee, da es zu dieser Zeit allein in den USA über 40 Millionen TV-Geräte gegeben habe. Er erhielt einen eigenen Raum und durfte sich zwei Mitarbeiter aussuchen, um mit ihnen an der Umsetzung zu arbeiten. Mitte 1967 hatten sie ein Gerät fertig: Auf der TV Game Unit #2 liefen sieben Spiele. Zum Teil simulierten sie einfache Verfolgungsjagden. Es gab aber auch ein Spiel mit Plastikgewehren, bei denen man Ziele auf dem Schirm treffen musste. Ebenso Spiele, bei denen ein Holzgriff hoch- und runtergedrückt werden musste wie bei einer Pumpe. Deswegen erhielt die TV Game Unit #2 den Spitznamen »The Pump Unit«, also übersetzt: das Pumpen-Gerät. Sie führten ihr pumpendes Spielgerät Herbert Campman vor, dem Corporate Director of Research and Development. Der war nicht sofort abgeneigt, aber auch etwas skeptisch. Er genehmigte dem Projekt 2000 Dollar Budget und fünf Monate Arbeitszeit.

BRAUNE BOX AUF ODYSSEE

Baer und seine Leute arbeiteten jetzt an einer neuen Version ihrer Konsole. Noch im selben Jahr stellten sie den nächsten Prototypen fertig. Offiziell hieß er TV Game Unit #7. Aber die Männer in Baers Team nannten ihn Brown Box – denn er war mit braunem Vinyl in Holzoptik beklebt. Außerdem verfügte der Prototyp über zwei Controller: ein Gewehr-Controller für Shooting Games sowie Zubehör für ein Golf-Spiel (ein Golfball auf einem Joystick). So konnte man mit einem echten Golfschläger das Putten üben. Die einzelnen Spiele wurden durch die Schalter vorne an der Brown Box einprogrammiert. Durch die richtige Kombination konnten unterschiedliche Games aktiviert werden. Außer Golf und Zielschießen gehörten ein Damespiel, vier Sportspiele und *Ping-Pong* dazu. In einem Interview, das heute im Archives Center am National Museum of American History zu hören ist, erinnerte sich Ralph Baer. Sobald es ihnen möglich wäre, *Ping-Pong* zu spielen, wüssten sie, dass sie ein Produkt hätten. Davor seien sie sich nicht sicher gewesen.

Ein Besuch von Vertretern der Medienfirma TelePrompTer weckte Hoffnung bei Baer und Sanders Associates. Denn ein Spielgerät war einfach nicht das richtige Produkt für ein seriöses Militärunternehmen. Aber TelePrompTer – die Firma, aus der das Ablesegerät für TV-Produktionen, der Teleprompter, stammt – geriet in Geldprobleme und die Verkaufsgespräche versandeten. In den 1960ern endete damit die Geschichte der Brown Box, bevor es in der nächsten Dekade weitergehen sollte.

LEVYS WETTE I: EIN SCHICKSALHAFTES SCHACHSPIEL

1968 bot der Schachweltmeister und Computerexperte David Levy dem Mathematiker John McCarthy eine Wette an: Kurz vorher hatte Levy McCarthy beim Schach geschlagen. Und McCarthy hatte gesagt: »Sie können mich besiegen, aber innerhalb von zehn Jahren wird es ein Computerprogramm geben, das Sie schlagen kann.« Levy hielt dagegen. Die Wette betrug zunächst 500 Pfund, weitere KI-Forscher stiegen ein und erhöhten das Preisgeld auf 1250 Pfund – damals eine ordentliche Summe.

Dabei existierten erste schachspielende Automaten schon seit Anfang des 20. Jahrhunderts. Der spanische Mathematiker Leonardo Torres y Quevedo baute bereits 1912 das Gerät

El Ajedrecista (»der Schachspieler«). Ein komplettes Spiel konnte El Ajedrecista nicht bestehen, sondern nur ein Endspiel in Form eines einzelnen Königs gegen einen König und einen Turm. Die Maschine hatte dabei den Vorteil. Und obwohl ein Mensch mit guten Schachkenntnissen aus so einer Zwickmühle gegen einen weniger versierten Gegner noch ein Unentschieden herausholen kann, gewann El Ajedrecista jedes Spiel. Auf den einfachen Schaltkreisen lief ein solider Algorithmus, der die Ausgangssituation geschickt nutzte. El Ajedrecista soll noch heute funktionstüchtig sein und im Museo Torres Quevedo in Madrid stehen.

Das Konzept von Schachprogrammen war in den folgenden Jahren ein beliebtes Übungsfeld der frühen Computerpioniere. Zwischen 1942 und 1945 schrieb Konrad Zuse ein Schachprogramm für seine Programmiersprache Plankalkül. Das Schachspiel sollte der mögliche Messgrad für die Fähigkeiten seiner Programmierung werden. Umgesetzt wurde das Programm jedoch erst Jahrzehnte später. Auch für den genialen Mathematiker Alan Turing, der als Erster einen programmierbaren Computer baute, war das Schachspiel das Merkmal einer fortgeschrittenen Computertechnik. Turing schrieb ein erstes Schachprogramm, das aber seinerzeit noch nicht von Maschinen ausführbar war. Allerdings konnte sich ein Mensch an die Programmierung halten, damit jeden Zug auf dem Papier berechnen und – ganz ohne Schachkenntnisse – erfolgreich spielen. Turing nannte einen solchen programmierten Spieler einen »Sklaven«.

Torres y Quevedo, Zuse und Turing bemerkten, dass Schach eine unglaublich komplexe Angelegenheit ist. Denn die Anzahl aller möglichen Züge eines kompletten Schachspiels ist größer als die Zahl der Atome im beobachtbaren Universum. Das hat 1950 der Mathematiker Claude Shannon errechnet. Diese Zahl – 10^{120} – ist nach ihm *shannon number* benannt. So viele Züge sind unmöglich zu programmieren. Man muss dem Programm also schon tatsächlich das Schachspielen beibringen. Für Shannon ein nützlicher Prüfstein, um die Leistungsfähigkeit von Computern zu beurteilen.

Der Mathematiker John von Neumann schrieb Mitte der 1950er ein Schachprogramm für den Röhrenrechner MANIAC I. Das Spielbrett war eine vereinfachte Version von Schach mit sechs mal sechs Feldern ohne Läufer. Das Programm verlor zunächst gegen einen starken Schachspieler und gewann dann aber gegen eine Schach-Anfängerin. Damit hatte zum ersten Mal ein Mensch gegen ein Schachprogramm verloren.

EDGAR ALLAN POE UND DER SCHACHSPIELAUTOMAT

Der Traum von der schachspielenden Maschine ist schon weitaus älter als die ersten Computer. 1769 präsentierte der österreichisch-ungarische Hofbeamte Wolfgang von Kempelen einen Automaten in Menschenform, der angeblich Schach spielen konnte. Der Automat trug türkische Kleidung seiner Zeit und wurde von den Zeitgenossen »Schachtürke« genannt. Im Inneren steckte kein Algorithmus, sondern ein Mensch. Vor dem Spiel öffnete Kempelen die Klappen und Türen nacheinander, sodass der echte Schachspieler mal seine Beine, mal seinen Oberkörper bewegen musste, um nicht gesehen zu werden. Angeblich hat der falsche Automat dem Verb »türken« für »fälschen« oder »vortäuschen« seine Bedeutung verliehen. Die Maschine existierte noch viele Jahrzehnte lang und ging auf Reisen – dabei besiegte sie angeblich auch

Charles Babbage, das Gehirn hinter der Differenzmaschine. Und der Mechaniker Johann Nepomuk Mälzel reiste mit ihr in die USA. Dort kam ihm 1836 Edgar Allan Poe in seinem Essay *Maelzel's Chess Player* auf die Schliche. Der Automat müsse von einem Menschen gelenkt sein, so Poe, denn er mache manchmal Fehler. Also könne keine Maschine hinter der Intelligenz stecken, denn diese müsse ja alle möglichen Kombinationen kennen. Die Anekdote verrät freilich mehr über Poes Glauben an die Technik als über die Technik.

VIDEOGAMES UND BRETTSPIELE

Schach ist natürlich nicht das einzige Brettspiel, das als digitales Spiel umgesetzt wurde. Gerade in der KI-Forschung entdeckte man irgendwann, dass das in Asien verbreitete *Go* sich viel besser zum Training und zur Einschätzung von künstlichen Intelligenzen einsetzen lässt. Und als sich Schach in unzähligen Varianten als Verkaufsschlager für Heimcomputer erwies, wurden zahllose weitere Brettspiele ins Digitale übertragen.

Vom Damespiel auf der TV Game Unit #2 bis zu den ersten Umsetzungen des Pen-and-Paper-Rollenspiels *Dungeons & Dragons* und zum digitalen *Catan*-Spiel waren zu Pixeln umgewandelte Brettspiele immer ein Ding. Später gingen einige Games den umgekehrten Weg: Erfolgreiche Videogames erlebten auch immer wieder Umsetzungen als Brettspiel, von *World of Warcraft* über *Bloodborne* bis zu *God of War*. Viele Brettspiele werden auch mit App-Unterstützung umgesetzt. In der Escape-Room-Spielreihe *Unlock!* ergänzt eine eigene App die Karten. In der Coronapandemie boomten digitale Spieleabende, weil sich die Menschen nicht mehr treffen durften. Die Plattform Board Game Arena wuchs 2020 laut einer Pressemeldung um 600 Prozent und wurde prompt vom Analogspiel-Branchenriesen Asmodee aufgekauft.

NEXT LEVEL LOADING ...

ALLE LIEBEN DIESE HELDEN

Zehn Videogame-Protagonisten, die einfach alle gern haben:

- **Pac-Man**
  Die Idee zum Aussehen des gelben Fressballs kam Designer Tōru Iwatani laut eigener Aussage beim Betrachten einer angeschnittenen Pizza. So wurde aus dem Mittel gegen Hunger ein Allesfresser, der sich durch ein Labyrinth mampft. Und Essen statt Killen könnte vielleicht auch ein weibliches Publikum begeistern, dachte Iwatani.
- **Super Mario**
  Ein schnauzbärtiger, eher kurz gewachsener, leicht übergewichtiger Handwerker: Mario ist ein Gegenentwurf zu allen kriegerisch-männlichen Videogame-Helden seiner Zeit. Dazu muss er sich in seinem ersten Spiel *Donkey Kong* (1981) noch unter dem Namen Jumpman mit einem Gorilla anlegen, der seine Freundin Pauline entführt hat.
- **Samus Aran**
  Spoiler! Die Spielfigur, mit der man *Metroid* (1986) durchspielt, entpuppt sich am Ende als Frau. Das ist heute keine große Überraschung, aber in den 1980ern haben wohl einige Nerds mit den Ohren geschlackert, als die Wahrheit ans Licht kam. Denn Chauvis konnten nicht damit rech-

nen, dass eine Frau Special Moves wie Morph Ball, Screw Attack und Bomb meistert.

- **Link**
  Link beginnt seit *The Legend of Zelda* (1986) seine Abenteuer als einfacher Junge, der im Laufe des Spiels mächtiger wird. In allen offiziellen Games der Reihe spricht er nicht – eine bewusste Entscheidung, damit sich die Spieler besser mit ihm identifizieren können. Denn oft ärgert man sich ja darüber, dass die eigene Spielfigur in den Dialogoptionen so einen Blödsinn reden muss.
- **Lemmings**
  Diese kleinen Gnome mit ihren grünen Haaren und blauen Stramplern sehen einfach nur knuffig aus – wenn auch nicht wie die echten Nagetiere. In *Lemmings* (1991) muss man sie die ganze Zeit beschützen, weil sie, ohne nachzudenken, durch die Gegend latschen und in Gruben zu Tode kommen. Aber gerade weil sie so treudoof-niedlich sind, können wir ihnen einfach nie böse sein.
- **Lara Croft**
  Die elfte Countess of Abbingdon wurde als einer der ersten Videospielcharaktere zum Popstar: Sie erschien auf den Titelseiten von *Financial Times* und *Focus*, erlegte Die Ärzte im Musikvideo zu *Männer sind Schweine* und wurde in den ersten beiden Verfilmungen von Angelina Jolie verkörpert. Seit *Tomb Raider* (1996) ist Lara Croft eine Institution.
- **Commander Shepard**
  Geschlecht, Gesichtszüge, Vorname und Klasse von Commander Shepard sind in *Mass Effect* (2007) frei zu bestimmen. Damit lässt sich die Hauptfigur der Reihe stark an die Vorstellungen der Spielerschaft anpassen und ermög-

licht eine starke Identifikation. Und trotz aller Individualität gibt es eine detaillierte Hintergrundgeschichte für den/die Commander.

- **Geralt von Riva**
  Der grummelige Graubart ist der beste Monsterjäger, der die Mutanten-Hexerschule von Kaer Morhen abgeschlossen hat. Trotz seiner ruppigen Art ist er spätestens seit *The Witcher 3: Wild Hunt* (2015) einer der beliebtesten RPG-Charaktere. Geralt entstammt ursprünglich den Romanen der Hexer-Saga von Andrzej Sapkowski.
- **Ellie**
  Wenn wir Ellie zuerst in *The Last of Us* (2013) begegnen, ist sie ein 14-jähriges Mädchen, das wir als Hauptfigur Joel während der Zombie-Apokalypse beschützen müssen. Nach und nach entsteht eine Art Vater-Tochter-Beziehung und schließlich schlüpfen wir auch in die Rolle von Ellie. Im zweiten Teil spielt Ellie eine noch größere Rolle.
- **Aloy**
  Sie kann Bogen schießen, Krieger killen und Robo-Saurier hacken: Aloy schlägt sich durch die postapokalyptische Welt von *Horizon Zero Dawn*, die von dinoesken Maschinen durchstampft wird. Dabei ist sie eine Ausgestoßene, die zwischen verschiedenen Clans ihrer Spielwelt hin und her wandert und dabei dem Geheimnis ihrer Welt auf den Grund geht.

LEVEL 1:
DIE 1970ER

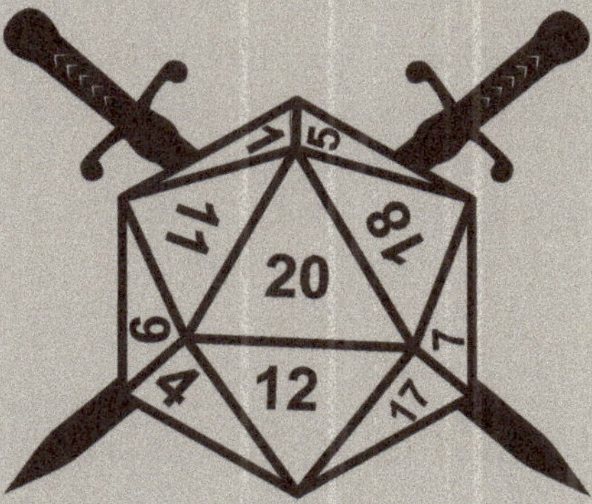

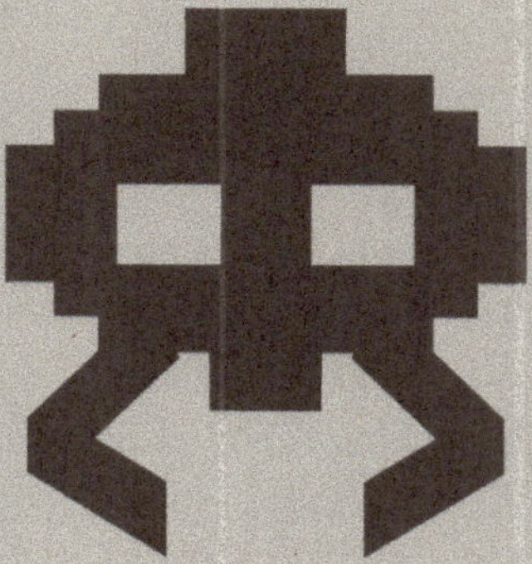

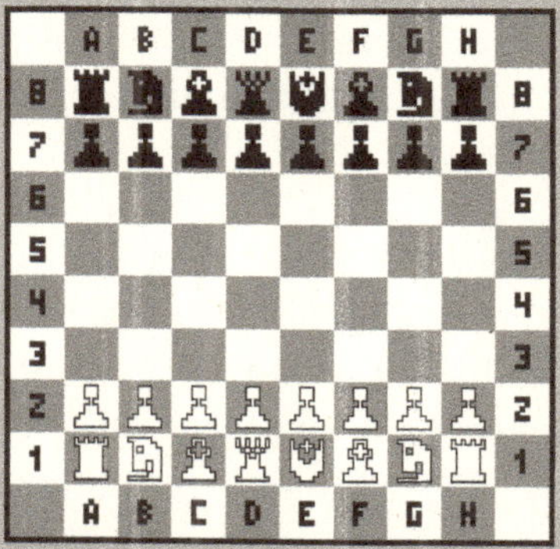

DIE ERSTE DADDEL-DEKADE

In diesem Jahrzehnt kommen Personal Computer und Spielkonsolen zum ersten Mal in viele Haushalte. In den USA und vielen weiteren westlichen Ländern beginnt der Boom der Gaming Arcades. Das Fundament für die Ausbreitung der Videogames ist gelegt.

PONG: EINFACH ERFOLGREICH

Zwei Balken, ein Ball: *Pong* ist die einfachste Darstellung von Tennis, die man sich vorstellen kann. Beide Balken – die »Schläger« – befinden sich links und rechts an der Bildschirmseite. Mit dem eigenen Controller kann man einen Schläger rauf und runter bewegen. So haut man den pixeligen Ball weg, bevor er ins Aus geht. *Pong* war einfacher als *Tennis for Two* im Jahr 1958 und deswegen genau das richtige Spiel für das junge Unternehmen Atari. Der Gründer Nolan Bushnell benannte seine Firma nach der Stellung *atari* (»Treffer« oder »Erfolg«) im japanischen Strategiespiel *Go*, ähnlich dem Schachmatt. Schon während seines Studiums hatte Bushnell begeistert *Spacewar!* gespielt und auf dieser Basis ein einfaches Spiel namens *Computer Space* entworfen. Das produzierte die Firma Nutting Associates dann für Arcade-Automaten, was Bushnell ein stabiles Einkommen verschaffte. Aber Bushnell war unzufrieden, dass *Computer Space* nicht der Riesenerfolg war, den er erhofft hatte. Mit seiner eigenen Firma Atari wollte Bushnell keine Kompromisse eingehen. Kurz nach der Gründung beauftragte er den Elektroingenieur Allan Alcorn, ein Ping-Pong-Game zu entwerfen. Alcorn war gerade neu als Auszubildender eingestellt worden und Bushnell gab ihm eine einfache Aufgabe, damit der Junge eigene Erfahrungen machen konnte. Bushnell hielt ein so einfaches Spiel für zu simpel, um es wirklich zu verkaufen.

Dabei übersah er die drei Kriterien, die schon seit Jahrzehnten den Erfolg von mechanischen Arkade-Automaten wie dem Flipper garantierten: optisch reizvoll, einfach zu verstehen und schwer zu meistern. Als die Atari-Belegschaft nach jedem Feierabend ein oder zwei Stunden *Pong* spielte, war die Sache klar: Das Spiel musste vermarktet werden. Sogleich tauften sie es *Pong* – der Markenname *Ping Pong* war geschützt. Das erste Testgerät stellten die Atari-Leute in Andy Capp's Tavern in Sunnyvale in Kalifornien auf. Ein paar Tage später meldete sich der Besitzer: Die *Pong*-Maschine sei kaputt, ob jemand zur Reparatur kommen könnte. Alcorn fuhr rüber und öffnete den Münzbehälter, um erst mal eine Runde zu Testzwecken kostenfrei zu spielen. Eine wahre Flut an Kleingeld ergoss sich über den Kneipenboden. Denn die Maschine war nicht kaputt: Die Vierteldollarmünzen hatten den Automaten blockiert. Der Automat in Andy Capp's Tavern hatte ungefähr das Vierfache dessen eingebracht, was ein durchschnittlicher Flipper generierte. Atari konnte also sehr zuversichtlich sein, was den Erfolg von *Pong* anging. Trotzdem fand sich kein Partner, der die Maschinen finanzieren wollte. Also investierte Bushnell das gesamte Firmenkapital in elf Maschinen und verkaufte sie sofort. Die eingenommenen 9900 Dollar in bar flossen gleich in die nächsten 50 Maschinen.

Streng genommen waren die ersten *Pong*-Automaten keine echten Computer – ein fest verdrahteter, sowohl digitaler als auch analoger Schaltkreis steckte in der gelb-braunen Apparatur. Aber sie waren ein Hit und Atari hatte bald 8 000 Stück verkauft. Schnell begannen Flipper-Hersteller die Geräte zu kopieren und Atari fand internationale Partner für die weltweite Vermarktung. In Italien unter dem Namen *TV Joker*, in Japan entstand der *Pong*-Klon *Elepong* und in Frankreich *Smatch*. Aber bald fiel auch der Firma Magnavox der Erfolg von *Pong* auf. Magnavox hatte von Sanders Associates die Rechte an Baers Brown Box gekauft. Und dazu gehörte auch ein Ping-Pong-Spiel …

SPORT, ABER MIT WENIGER BEWEGUNG: SPORTSPIELE

Ziemlich viele der ersten elektronischen Games waren Sportsimulationen. *Tennis for Two*, *Pong* oder das Golfspiel auf der Brown Box: Das Konzept, einfach eine bestehende Sportart umzusetzen, hat sich bis heute bewährt. Nur die richtige Technik und Programmierung zu finden, war nicht immer einfach. Heute sind Sportspiele ein fester Bestandteil der Videogame-Welt. Die FIFA-Reihe steht mit rund 325 Millionen verkauften Spielen (Stand: 2021) auf Platz fünf der erfolgreichsten Game-Franchises. Mittlerweile leihen Sportstars ihren digitalen Avataren nicht nur den Namen, sondern auch das fotorealistisch aufbereitete Gesicht. Zum Genre Sportspiel zählen auch Manager-Games, bei denen man eine Fußball-, Basketball- oder Curling-Mannschaft führen kann. Normalerweise sind Sportspiele jugendfrei. Eine der wenigen Ausnahmen dürfte *Pong* sein. Da die USK (Unterhaltungssoftware Selbstkontrolle) das Spiel nie in Augenschein genommen hat, ist der in jeder Hinsicht harmlose Klassiker offiziell als »Ab 18« eingestuft.

DIE BRAUNE BOX BEI MAGNAVOX

Nach einigen Jahren in der Development Hell hatte es die Brown Box doch noch geschafft: Von mehreren potenziellen Partnern hatte nur die Radio Corporation of America (RCA) Interesse angemeldet, aber deren Bedingungen gefielen Sanders Associates nicht. Die RCA-Führungskraft Bill Enders jedoch wechselte zum Elektronikhersteller Magnavox und hatte das TV-Spielgerät nicht vergessen. Er schaffte es, seine Vorgesetzten für die Brown Box zu interessieren. 1971 kaufte Magnavox die Rechte und arbeitete an einem marktreifen Produkt: Erst unter dem Namen »Skill-O-Vision«, dann als »Odyssey«. Die Inspiration dazu kam wahrscheinlich vom Film *2001: Odyssee im Weltraum*, der 1968 in die Kinos kam und der unter anderem den schachspielenden Computer HAL 9000 zeigt. Die Spielkonsole Odyssey enthielt insgesamt zwölf Games, mitgeliefert wurden auch bunte Plastikfolien, die auf TV-Bildschirmen hafteten. Denn das System konnte nur Schwarz-Weiß-Effekte produzieren. Ebenfalls beigelegt waren Spielgeld, Spielkarten und Pokerchips, die für einige Games benutzt werden sollten. Für Ralph Baer zu viel des Guten: »Ich wusste, dass niemand jemals diesen ganzen Kram nutzen würde«, zitiert ihn Tristan Donovan im Buch *Replay*.

1972 kam die Odyssey schließlich auf den Markt – das gleiche Jahr, in dem Bushnell Atari gründete. Und zwei Jahre später kam es zum Konflikt: Magnavox ging gegen Atari vor Gericht – *Pong* sei ein Plagiat des Ping-Pong-Spiels auf der Odyssey. Baers Unterlagen bewiesen, dass er schon länger an dem Spielkonzept gearbeitet hatte. Und dann fand sich noch ein erdrückenderer Beweis: Bushnell hatte am 24. Mai 1972 eine Odyssey-Vorführung bei Magnavox besucht, der Gästebuch-Eintrag war eindeutig. Schließlich einigten sich Atari und Magnavox auf eine einmalige Zahlung von 700 000 Dollar für eine Volllizenz. Für Atari lohnte sich der Deal gleich doppelt: Zum einen war die Firma damit zum Schnäppchenpreis aus dem Schneider, zum anderen mussten die Anbieter von *Pong*-Klonen große anteilige Summen an Magnavox zahlen. Und der Erfolg von *Pong* in den Spielhallen kurbelte auch die Verkaufszahlen der Odyssey an: 1975 hatte Magnavox insgesamt 350 000 Konsolen verkauft. Kein Wunder also, dass Atari bald auch eine eigene Konsole auf den Markt brachte: die Atari Home Pong.

DAS RENNEN AUF DIE ARCADE-SPIELHALLEN

In den Jahren nach 1972 expandierten die Arcade-Automatenhersteller. Im Prinzip ähnelten sich die meisten Spiele: Dinge bewegten sich auf der Mattscheibe, wurden abgeschossen, geworfen, geschleudert. 1974 war die Zeit für etwas Neues gekommen: *Gran Trak 10* – der erste Rennspiel-Automat. Das Gerät von Atari hatte keinen Joystick oder Drehknopf, sondern ein Lenkrad, einen Schaltknüppel und zwei Fußpedale. Auf dem Bildschirm sah man beim Spielen eine Rennstrecke – in Schwarz-Weiß und aus der Vogelperspektive. Mit dem Steuer lenkte man einen pixeligen Rennwagen durch den Track. Das Game war ein Rennen gegen die Uhr: Man musste möglichst viele Kontrollpunkte passieren, bevor die Zeit ablief. Fuhr man gegen die Begrenzung, legte das Auto einen U-Turn hin. Durch den Einsatz von ROM, Read-Only-Memory, setzte Atari einen neuen Standard in der Branche. *Gran Trak 10* verkaufte sich gut. Allerdings hatte sich die Firma verkalkuliert und machte pro Automat 100

Dollar Verlust. Im Geschäftsjahr 1974 summierten sich die Verluste für Atari auf eine halbe Million Dollar. Und dann begann die japanische Firma Taito auch noch, ebenfalls ein Rennspiel auf den Markt zu bringen. Bei *Speed Race* war auf dem Bildschirm keine abgeschlossene Rennstrecke zu sehen, sondern eine von oben nach unten scrollende Straße. Dieses Element, entworfen vom Spieledesigner Tomohiro Nishikado, war ein Meilenstein im Computer-Game-Design. 1975 erschien *Speed Race* unter den Titeln *Racer* und *Wheels* (später *Wheels II*) auch auf dem nordamerikanischen Markt. Mit an die 10 000 verkauften Automaten war das Videogame das erfolgreichste Arcade-Spiel des Jahres. In Japan erhöhte *Speed Racer* die Kosten für ein Spiel von 50 auf 100 Yen und verdoppelte so den Standardpreis in Spiel-Arkaden.

Ein Rennspiel gilt auch als das erste wirklich kontroverse Computerspiel: *Death Race* von 1976. Hier überfährt man pixelige Männchen, die mit einem schrillen Todesschrei sterben und ein aufgestelltes Kreuz hinterlassen. Die Medien berichteten über das Game und die Empörung begann. Der Hersteller Exidy nahm die Angelegenheit zunächst locker, merkte aber schnell, dass er eine Kontroverse ausgelöst hatte. Also behaupteten die Verantwortlichen, dass die Männchen eigentlich gar keine Menschen, sondern Monster darstellten. Die Folgen der Kontroverse waren außer einer Bombendrohung auch wirtschaftliche – aber anders als erwartet: Während der Berichterstattung nahm die Nachfrage nach *Death Race* zu.

BRUMM, BRUMM: GAS GEBEN MIT RENNSPIELEN

Das Genre Rennspiele simuliert meistens Autorennen, manchmal steuert man auch andere Fahrzeuge oder

Raumschiffe. Das Spielziel ist es, alle anderen Vehikel zu überholen oder eine Strecke in möglichst kurzer Zeit abzufahren. Die Optik reicht dabei von comichaft-verspielten Fun Racern wie in der Reihe *Mario Kart* bis zu realistischen Rennsimulationen wie *Gran Turismo.* Oft kann dabei das eigene Auto optisch modifiziert und technisch aufgerüstet werden.

LESEN ÜBER GAMES: ERSTER SPIELEJOURNALISMUS

Die großen Zeitungen und TV-Sender interessierten sich für Game-Themen zunächst vor allem dann, wenn wie im Fall *Death Race* Skandale aufkamen. In den 1970ern entstanden dann auch erste Formate für einen fundierten Game-Journalismus. 1974 gründete der Redakteur und Verleger Ralph C. Lally II das Magazin *Coin Industry Play Meter*, später einfach nur *Play Meter*. Das Heft war vor allem ein Branchenblatt und beschäftigte sich mit Spielen für Arcade-Automaten. *Play Meter* definierte Standards wie eine Zehn-Punkt-Skala für Videogame-Reviews und erschien monatlich – für fünf Jahre während der 1980er sogar zweimal im Monat. Eine große Leserschaft erreichte das Magazin allerdings nicht, 1991 war mit 6500 Abonnements der Höhepunkt erreicht. 2018 ging *Play Meter* mit seiner Herausgeberin Carol P. Lally in Rente.

LESEN IN GAMES: DIE ERSTEN TEXT-ADVENTURES

In den frühen 1970ern erkundete und kartografierte das Ehepaar Patricia und Will Crowther die riesige Mammoth Cave in Kentucky. Als sich die Crowthers einige Jahre später trennten, machte sich Will Sorgen darüber, sich von seinen Töchtern zu entfremden. So setzte sich der Fan des Fantasy-Rollenspiels *Dungeons & Dragons* an seinen Arbeitscomputer und begann damit, ein Game für seine Kinder zu schreiben. Es sollte *Adventure* (oder auch *Colossal Cave Adventure*) heißen und war die Geburtsstunde eines ganz neuen Genres von Videogames. Denn die komplette Interaktion erfolgt über gelesenen und geschriebenen Text. Beim Spielen erhielt man zuerst eine Textbeschreibung der Umgebung und Geschehnisse. *Adventure* beginnt mit dem folgenden Text (übersetzt aus dem Englischen):

Am Ende der Straße
Du stehst am Ende der Straße vor einem kleinen Backsteingebäude. Wald umgibt dich.

Nun konnte man Text über die Tastatur eingeben und wenn es die richtigen Worte waren, reagierte das Spiel. Im obigen Beispiel konnten erste Gamer zum Beispiel »inside building« eingeben und so das Gebäude betreten. Das revolutionäre war hier die Eingabe in Textform. Schon vorher hatte es Computerspiele mit Text zum Lesen gegeben – *The Sumerian Game* etwa oder *Hunt the Wumpus*, bei dem man ebenfalls ein Höhlensystem durchstreift. Diese textgesteuerte Form von Spielen war natürlich etwas komplett anderes als die blinkenden – und seit einiger Zeit auch tönenden – Arcade-

Games. Hier kam es nicht auf Schnelligkeit oder auf eingeübte Reflexe an, sondern auf Kreativität und die Fähigkeit zum Problemlösen. Und die Story war hier keine Nebensache, sondern das Wichtigste. In *Adventure* fügte Crowther dem Höhlenszenario Elemente aus dem Fantasy-Genre wie Zwerge, Schätze und Zaubersprüche hinzu. Für seinen Erfinder war *Adventure* ein voller Erfolg: Crowthers Töchter liebten das Spiel und damit war für ihn die Sache erst einmal erledigt. Fertig stellte er das Spiel dann aber doch nicht.

Womit er nicht gerechnet hatte: *Adventure* kam auch in seiner Firma gut an. Als er 1976 Urlaub in Alaska machte, verbreitete sich das Spiel erst bei seinem Arbeitgeber, der Akustikfirma Bolt Beranek and Newman, und dann auch auf Netzwerkrechnern an Universitäten. So stieß der Stanford-Student Don Woods im Netz seiner Uni auf *Adventure* und war begeistert. Gerne hätte er das Spiel erweitert, ohne den Quellcode ging das aber nicht. Der einzige Hinweis auf den Programmierer im Spiel waren die Worte: »Fehler, Vorschläge, Beschwerden an Crowther«. Woods machte es sich einfach: Er schrieb eine E-Mail an crowther@xxx, wobei »xxx« für jede mögliche Domain im Internet stand. Damit dürfte Woods' Mail als die erste Spammail der Geschichte gelten. 1976 war das Netz noch sehr viel kleiner als heute, sodass die Mail sogar ankam. Crowther überließ Woods seinen Quellcode. Obwohl Woods *Adventure* umfangreicher machte, benötigte es dank seiner Programmierung trotzdem weniger Speicherplatz, sodass es sich noch weiter verbreitete. Auf Woods Konto geht wohl auch das berüchtigte Drachen-Rätsel, das eigentlich eher einer Scherzfrage gleichkommt. An einer Stelle begegnet man der Bestie: »Ein riesiger, grüner, grimmiger Drache versperrt den Weg!«, verkündet das Spiel. Alle Mittel und gefundenen Gegenstände sind nutzlos.

Tippte man »kill dragon« ein, fragte das Spiel: »Mit was? Deinen bloßen Händen?« Hier war »yes« die richtige Antwort. »Herzlichen Glückwunsch! Du hast soeben einen Drachen mit deinen bloßen Händen besiegt! (Unglaublich, nicht wahr?)« Wenn sich doch nur alle Probleme so einfach lösen ließen …

ABENTEUERLAND AUF KASSETTE

Nachdem der Programmierer Scott Adams 1978 eine Woche mit dem Spielen von *Adventure* verbracht hatte, stellte er sich nur eine Frage: Konnte er ein ähnliches Spiel für Heimcomputer programmieren? Denn *Adventure* lief nur auf High-End-Rechnern mit großem Speicher, zu Hause hatte Adams aber nur einen Computer der Marke TRS-80 mit mickrigem RAM. Also teilte Adams sein Programm in drei Teile auf: einen Datenbank-Editor, einen Datenübersetzer und die Daten selbst. Die Grundfunktionen des Spiels gestaltete Adams dabei simpel, es ging fast immer nur darum, einen Gegenstand an einem Ort zu sammeln und an einer anderen Stelle einzusetzen. Der Unterschied zur Handlung von *Adventure* bestand bei *Adventureland* vor allem darin, dass die Handlung größtenteils an der Erdoberfläche spielte und dass es keine Kämpfe gab. Nach erstem Feedback aus seinem Freundeskreis entschloss sich Adams für einen familienfreundlichen Stil. Denn schließlich wollte er *Adventureland* verkaufen.

Die Vermarktung begann Adams mit einer Anzeige in einem Computermagazin. Trotz einiger nicht besonders gut lösbarer Rätsel und zahlreichen Schreibfehlern konnte er bald einige *Adventureland*-Kassetten verschicken, die größte Bestellung umfasste 50 Exemplare. Mit dem wachsenden

Heimcomputermarkt wuchs auch Adams' Business und in den folgenden Jahren prägten seine Games den Genrebegriff »Adventure«. 1980 schrieb das Spielemagazin *Dragon* in einer Rezension: »Beg, borrow, or steal a chance to play ADVENTURE!!!!!« Übersetzt bedeutete das: »Nutzt jede Gelegenheit, ein Adventure-Game von Scott Adams zu spielen!!!!!«

DAS IST JA RÄTSELHAFT: ADVENTURE GAMES

Die Text-Adventures der Computerfrühzeit entwickelten sich bald weiter zu Rätselabenteuern mit Bildern. So steht der Genrebegriff »Adventure« heute im deutschsprachigen Raum meist für Point-and-Click-Adventures. Hier bewegt sich die Spielfigur in einer 2-D-Umgebung. Spielende können den Mauszeiger auf einzelne Objekte richten *(point)* und sie anklicken *(click)*. Typisch ist auch das Ansammeln von Gegenständen, die in einer Inventarliste vermerkt und miteinander kombiniert werden müssen, um Rätsel zu lösen. Die große Zeit der Point-and-Click-Adventures begann in den 1980ern mit Titeln wie *King's Quest* von Roberta Williams oder *Maniac Mansion* von Ron Gilbert und Gary Winnick. In den 2010er-Jahren erlebte das totgesagte Genre eine kleine Renaissance.

DIE ERSTE INDIE-GAME-ENTWICKLERIN

Mit den selbst programmierten Text-Adventures begann auch eine unabhängige Bewegung in der Gaming-Industrie. Der Begriff »Indie-Games« für Spiele von unabhängigen Studios etablierte sich erst später, aber die Hacker-Kultur mit ihrer Begeisterung für freien Informationsfluss und ihrer Abneigung gegen große Firmen hatte den Indie-Aspekt schon früh aufgenommen. Eine der ersten Indie-Programmierinnen war Joyce Weisbecker, die 1976 für die RCA-Studio-II-Konsole das Quizspiel *TV Schoolhouse I* entwickelte. Das Technologiemagazin *Fast Company* zitiert 2017 Weisbeckers Worte, dass sie glaube, sie sei die einzige Person außerhalb der Firma gewesen, die tatsächlich eine Bezahlung für ein Videogame erhalten habe.

Und während in den USA das Hauptaugenmerk auf Konsolen und Arcade-Games lag, starteten in Großbritannien die sogenannten *bedroom coders*, also die Schlafzimmerkodierer, mit ersten Mikrocomputern eine ganze Spieleindustrie. Diese sollte jedoch erst in der kommenden Dekade wirklich Fahrt aufnehmen …

DER HIGHSCORE: PUNKTEN MIT DEM SEEWOLF

Gehen wir noch einmal zurück zu einer Neuerung des Jahres 1974: zum Highscore. Denn was ist noch besser, als ein Spiel zu gewinnen? Natürlich ein Spiel zu gewinnen und sich dabei in der Bestenliste zu verewigen, sodass kommende Generationen diesen Sieg nimmermehr vergessen. Oder so ähnlich. Das erste Game, das den Begriff »Highscore« nutzte, war *Sea Wolf* von 1974. Nach dem Münzeinwurf warf man den Blick durch eine periskopähnliche Vorrichtung auf den Bildschirm. Dort war eine weiße gewellte Linie zu sehen, welche die Wasseroberfläche darstellte. Jetzt musste man Minen und vorbeifahrende Schiffe mit Torpedos abschießen. Rechts unten zeigte das Spiel den aktuellen Punktestand an, links unten den bisherigen Highscore. Wer innerhalb einer bestimmten Zeitspanne einen vom Spiel festgesetzten Score übertraf – nicht zwangsläufig identisch mit dem Highscore –, konnte Bonuszeit gewinnen. Der Highscore selbst blieb aber nicht dauerhaft im Spiel. Er konnte mit einem Button wieder resettet werden. Der kompetitive Aspekt – wer kann den aktuellen Highscore knacken? – war sicher mitverantwortlich für den Erfolg von *Sea Wolf*. Das Game wurde das lukrativste Arcade-Spiel der Jahre 1976 und 1977. Vorbild für *Sea Wolf* war das elektromechanische Spiel *Periscope* des japanischen Automatenherstellers Sega, das in Japan, Nordamerika und Europa sehr erfolgreich war.

AUSBRUCH MIT APFEL

1977 war für die beiden jungen Computer-Nerds Steve Jobs und Steve Wozniak ein ganz besonderes Jahr. Schon im Vorfeld hatten die beiden zusammengearbeitet. Wozniak hatte für Jobs' Chef bei Atari die Schaltkreise des Spiels *Breakout* für Atari-Automaten konstruiert. *Breakout* ähnelt *Pong*, nur dass es lediglich einen Schläger gibt und man mit dem Ball nach und nach eine Mauer aus pixeligen Blöcken weghaut. Jobs erhielt für die Arbeit 5000 Dollar und gab Wozniak 350 davon ab – obwohl die beiden eigentlich halbe-halbe machen wollten. Wozniak erfuhr erst Jahre später von der tatsächlichen Höhe der Summe. Aber damals arbeiteten beide ungetrübt weiter zusammen. Denn Wozniak programmierte bald darauf eine reine Computerversion, die er *Brick Out* nannte. Und dieses Game sollte der perfekte Prüfstein für einen neuen Computer sein. Denn erst ein Jahr vorher hatten die beiden Steves ihren Heim-PC Apple Computer gebaut und recht erfolgreich verkauft. Aber jetzt sollte es einen leistungsstarken Nachfolger geben: Den Apple II. Mit *Brick Out* testete

Wozniak, welche Komponenten die beste Leistung boten. Der Apple II wurde ein voller Erfolg, vom September 1977 bis zum September 1980 stiegen die jährlichen Einnahmen der neu gegründeten Apple Computer, Inc. von 775 000 auf 118 Millionen US-Dollar.

Für die Welt der Videogames bedeutete der Apple II eine Welle an neuen Möglichkeiten. So programmierten und tauschten zahlreiche Mitglieder der Mailbox-Szene Spiele untereinander. 1978 erschien eines der ersten Multiplayer-Videogames *Wheelers Dealers* auf Kassette für den Apple II. Es war das Designdebüt von Danielle Bunten Berry, die später mit dem Multiplayer-Game *M.U.L.E.* Videospielgeschichte schreiben sollte. 1979 brachte Richard Garriott *Akalabeth: World of Doom* heraus, Vorreiter seiner legendären *Ultima*-Reihe. Und das Ehepaar Ken und Roberta Williams designte 1979 das erste Grafik-Adventure für den Apple II, *Mystery House*. Mit dem Erlös gründeten sie Sierra On-Line, das in den folgenden beiden Jahrzehnten zu einem der wichtigsten Entwicklungsstudios in den USA avancierte.

WENN SIE LANDEN, HEISST ES »GAME OVER«

1978 landete der japanische Game-Hersteller Taito einen Welthit: *Space Invaders* begann seinen Siegeszug. Bei diesem Game bewegt man eine Laserkanone, die nach oben schießt, auf einer horizontalen Linie am Boden hin und her. Vom oberen Bildrand nähern sich seltsame, pixelige Flugobjekte in einer Reihenformation. Auch sie schießen, und zwar auf die Laserkanone. Das Spiel hat zwei Ziele: nicht getroffen zu werden und die Eroberer aus dem Weltraum abzuschießen. Mit jedem zerstörten Alien-Raumschiff bewegen sich die anderen Raumschiffe umso schneller und auch die Musik läuft immer schneller ab. Zerstört man eine komplette Angriffswelle von fünf mal elf Aliens-Schiffen, folgt die nächste. Theoretisch läuft das Spiel unendlich, aber irgendwann sind die Aliens zu schnell – Game Over!

The New Yorker 2013 schreibt über den *Invaders*-Designer Tomohiro Nishikado, der auch schon das Rennspiel *Speed Race* designt hatte, dass er sich schon richtig anstrengen müsste, um den ersten Level von *Space Invaders* zu schaffen. Er entwarf *Space Invaders* mitsamt der Hardware im Zeitraum von einem Jahr. Er hatte ursprünglich an ein Kriegsspiel gedacht, bei dem man Panzer, Flugzeuge und feindliche Soldaten abschießt. Aber die Animationen der Flugzeuge sahen nicht überzeugend aus und auf simulierte Menschen zu schießen, lehnte der Taiko-Präsident strikt ab. Also entwarf Nishikado pixelige Aliens, die sowohl von den Marsianern aus *Krieg der Welten* als auch von Meeresgetier wie Tintenfischen oder Krabben inspiriert waren. Die gepixelten Außerirdischen wurden so populär, dass sie heute noch gerne als Symbol für Videogames im Allgemeinen herhalten. Ursprünglich sollte das Game sogar *Space Monsters* heißen, aber der Marketingmanager von Taito änderte den Namen.

Der Designprozess lief natürlich nicht ganz fehlerfrei ab, aber einer der Bugs erwies sich als das herausragende Feature des Games. »Ursprünglich wollte ich, dass sich die 55 Invader gleichzeitig bewegen, aber die Hardware ließ nur zu, dass sich ein Invader in jeder Sechzigstelsekunde bewegte. Also wurden die Invaders immer schneller, je weniger noch da waren«, erinnerte sich Nishikado 2004 im Magazin *Retro Gamer*.

Dieses Feature, der Sound und das hochgradig immersive Gameplay sorgten für einen umwerfenden Erfolg. Ende 1978 hatte Taito 100 000 *Space Invaders*-Maschinen allein in Japan aufgestellt und umgerechnet 670 Millionen Dollar eingenommen. Es gab Spielhallen, in denen ausschließlich *Space Invaders* gespielt wurde. Bis 1982 verkaufte der US-amerikanische Lizenznehmer Midway 72 000 *Invaders*-Arcade-Automaten in den USA. Und auch den Markt der Spielkonsolen eroberten die *Invaders*: 1980 erschien *Space Invaders* für den Atari 2600 und vervierfachte die Verkaufszahlen der bis dahin etwas dahindümpelnden Konsole. Bis 1982 verkauften sich eine Million Steckmodule für das Spiel.

Mit einer urbanen Legende muss aber aufgeräumt werden: Angeblich sorgte *Space Invaders* dafür, dass in Japan die 100-Yen-Münzen knapp wurden. Das stimmt so wohl nicht, auch wenn sich Nishikado daran erinnerte, dass die Autos der Taito-Beschäftigten, die das Geld aus den Automaten einsammelten, durch das große Münzgewicht manchmal platte Reifen bekamen.

VIDEOGAMES MACHEN KRANK: SECHS SCHÄDEN DURCH EXZESSIVES ZOCKEN

Space Invaders hat zu den ersten dokumentierten Gesundheitsschäden durch Videogames geführt. Doch dabei sollte es nicht bleiben.

- ***Space Invaders*-Handgelenk**
  1981 erscheint im *New England Journal of Medicine* ein Artikel über ein neues Krankheitsbild mit schmerzendem Handgelenk. Ursache: intensives Spielen von *Space Invaders*.

- ***Space Invaders*-Ellenbogen**
  1988 wird im Buch *High-Tech Society* berichtet, dass es nach dem Erscheinen der *Space Invaders* Beschwerden über komplett neuartige Ellbogenprobleme gab.
- **Nintendinitis**
  Nach fünf Stunden mit der Super NES des Sohns schmerzen die Daumen: 1990 dokumentiert der Rheumatologe Richard Brasington bei einer Patientin zum ersten Mal dieses Krankheitsbild.
- **Nintendo-Nacken**
  Die gesenkte Kopfhaltung beim Gameboy-Spielen führt zu Nackenschmerzen: 1991 ist ein 13-Jähriger aus Kanada der erste Patient mit dieser Diagnose
- **Eiternde Nintendinitis**
  2000 untersucht ein Kinderarzt in Australien eine Neunjährige mit einer kreisrunden vereiterten Fläche auf der Handfläche: Schuld ist stundenlanges *Mario Party*-Spielen.
- **Playstation-Daumen**
  Von 120 befragten Schulkindern haben 15 Blasen, Taubheitsgefühl und Kribbeln am Daumen: 2005 veröffentlicht das *South African Medical Journal* einen Artikel über die Gaming-Epidemie.
- **Wiiitis**
  Ein spanischer Arzt lässt 2007 seine schmerzende Schulter checken: eine Sehnenscheidenentzündung wie vom Tennisspielen. Dabei hat er nur Tennis auf der Wii gespielt – das ganze Wochenende.

IN ARKADIEN GEBOREN

Der Hype um *Space Invaders* läutete das goldene Zeitalter der Gaming Arcades ein. Diese Spielhallen waren etwas ganz anderes als die leicht anrüchigen Penny Arcades der vorherigen Jahrzehnte. Gab es vorher in den USA eine – stets mitgedachte, mitunter tatsächliche – Verbindung von Unterwelt und Spielautomaten, änderten die Spielcomputer das schmuddelige Image dieser Orte. Unterstützt wurde der Wandel von Firmen wie Atari. Das bestätigt auch Frank Ballouz, der Sales Manager von Atari Ende der 1970er, im Buch *Replay*. Viele Arcades seien in richtiggehenden Rattenlöchern gewesen. Jetzt hätten sie sich zu Familien-Amusement-Centern gewandelt, wo man mit seiner Frau, seiner sechsjährigen Tochter und seinem 14-jährigen Sohn hingehen könne. Diese neuen Arcades waren hell beleuchtet, überall blinkten die Spiele in ihren bunt gestalteten Kästen und produzierten Töne, die man sonst nirgendwo hörte. Sie veränderten die Unterhaltungsbranche in den USA und bald auch in vielen anderen Ländern der westlichen Welt. Allerdings war die Bundesrepublik Deutschland ein Sonderfall: Denn mit den Spielotheken der frühen 1970er waren die neuen Arcades erst recht nicht zu vergleichen. Wer im damaligen Westdeutschland aufgewachsen war, kannte solche Orte nur von Familienurlauben in Italien, Griechenland oder anderen Ländern. Und in der DDR gab es erst sehr viel später, in den 1980ern, einen landeseigenen Automaten, den Poly-Play – dazu später mehr.

Beliebt waren die neuen Computerspielautomaten auch wegen ihrer Zuverlässigkeit. Bei den elektromechanischen Vorgängern konnten Motoren, Glühlampen, Kabel und viele weitere Teile kaputtgehen. Die Schaltkreise der nächsten

Arcade-Generation waren weniger fehleranfällig. Preisgünstige Mikrochips in jeder Maschine ermöglichten auch komplexere Spiele wie *Asteroids* und *Galaxian*. Und im Gegensatz zu Flipperautomaten konnte man sie auch nicht durch das Kippen beeinflussen, eine Technik, die die Lebensdauer der Geräte negativ beeinflusste.

DIE MAFIA UND DIE SPIELAUTOMATEN

1942 hielt der New Yorker Bürgermeister Fiorello La Guardia eine Pressekonferenz am Ufer des East Rivers ab. Er verkündete, dass Pinball-Automaten ab sofort verboten seien, und zertrümmerte anschließend mit einem Vorschlaghammer mehrere konfiszierte Flipper, die danach im Fluss versenkt wurden. Der Grund dafür war das Spielautomaten-Imperium des Gangsters Frank Costello, der auch der »Premierminister der Unterwelt« genannt wurde. An die 25 000 Automaten hatte er in New York City aufgestellt. Mit ihnen machte er nicht nur jede Menge Geld, sondern konnte auch sein illegal erworbenes Vermögen verschleiern. Pinball-Automaten blieben in New York bis 1976 verboten. Erst eine Vorführung des Pinball-Spielers Roger Sharpe überzeugte ein Gremium davon, dass Flippern kein Glücksspiel ist, sondern vom Können abhängt. Trotzdem blieb die Verbindung von Mafia und Spielautomaten lange Zeit im kollektiven Gedächtnis der USA hängen und machte es der Arcade-Game-Branche am Anfang schwer, respektiert zu werden und von Banken Kredite zu erhalten.

ZUM WÜRFELN INS VERLIES

Eine weitere, wenn auch analoge Spielform breitete sich ab 1974 in den USA aus: *Dungeons & Dragons*, das erste *pen & paper role-playing game* (übersetzbar als Stift-und-Papier-Rollenspiel). Bei diesem Spiel übernimmt eine Person die Spielleitung, mehrere andere spielen jeweils einen einzelnen Charakter. Jeder Charakter verfügt dabei über Spielwerte, wie etwa Stärke oder Intelligenz, die in Zahlen ausgedrückt werden. Außerdem erhält er eine Anzahl von Trefferpunkten, welche die Gesundheit darstellen. Wenn eine Spielfigur alle Trefferpunkte verliert, ist sie tot. *Dungeons & Dragons* oder kurz *D&D* ist nicht nur rein analog, es kommt auch komplett ohne Spielbrett aus – auch wenn man eine Art Bodenplan und Miniaturen nutzen kann. Dazu gehören Würfel in allen Farben und Formen: der wichtigste war der 20-seitige Würfel, im Slang W20 (auf Englisch *d20*) genannt. Das Setting ähnelte dem *Herrn der Ringe* von Tolkien: Elfen, Zwerge und Menschen kämpfen gegen Orks, Trolle und Drachen. Die titelgebenden Dungeons ähneln den Minen von Moria in *Der Herr der Ringe*: In riesigen Höhlenkomplexen verbergen sich miese Monster, aber auch schimmernde Schätze. Die eigene Spielfigur kann zwar sterben, wenn sie überlebt, wird sie aber immer mächtiger. Das liegt zum Teil an gefundenen magischen Schätzen wie Rüstungen und Zauberstäben, zum Teil auch an der Erfahrung, die man sammelt und mit der man die Spielwerte des Charakters verbessern kann. *D&D* erwies sich als das richtige Spiel für eine Generation, die gerade erst *Herr der Ringe* und zahlreiche weitere Fantasybücher entdeckt hatte. Später boomten in der Szene der Pen-and-Paper-Rollenspiele auch unzählige weitere Genres wie Horror,

Science-Fiction und Mystery – mit mal mehr, mal weniger komplexen Regeln.

D&D war eine Weiterentwicklung der Kriegsspiel-Genres, bei denen meist militärinteressierte Nerds Miniaturen historischer Armeen akkurat bemalten und auf einem Schlachtfeld auf der Tischoberfläche gegeneinander antreten ließen. Für die Spieler jedoch bedeutet es noch viel mehr: Wer am Spieltisch saß, konnte die eigene Spielfigur regelrecht verkörpern und sprach nicht mehr Alltagssprache, sondern redete wie Zamorak der Magier oder Filadandriel die Waldelfe. Rollenspiele waren immersiver als alle anderen Spiele zuvor, und es war nur noch eine Frage der Zeit, bis die heranwachsende Gaming-Industrie das bemerkte.

KLINGT JA ABENTEUERLICH: COMPUTERROLLENSPIELE

Das Genre der Computerrollenspiele beginnt schon 1974 mit *dnd* (der Name leitet sich von *D&D* ab). Einige Studenten aus Illinois entwarfen das Game, bei dem man einen Charakter durch einen Dungeon mit zahlreichen Leveln steuerte.

Damit ist auch schon die Definition für ein Computerrollenspiel erfüllt: Ein einzelner oder mehrere Spielcharaktere bewegen sich durch eine komplexe Welt, mit der sie meistens in Kämpfen, oft auch in sozialen Situationen interagieren. Der oder die Charaktere verbessern im Lauf des Spiels permanent ihre Fähigkeiten (das Upleveln). Mit der zunehmenden Stärke der Spielfiguren kommen immer stärkere Gegner im Spiel vor. Viele Spiele aus diesem Genre sind Umsetzungen von Pen-and-Paper-Rollenspielen. In Online-Rollenspielen (*massively multiplayer online role-playing game*, kurz MMORPG, gibt es seit 1995) bewegen sich die Spielenden über Internet durch die gleiche Welt. Action-Rollenspiele wie *Diablo* (1996) spielen sich in Echtzeit ab und erfordern schnelle Reaktionen.

LEVYS WETTE II: MASCHINE GEGEN MEISTER

1978 kam es zum Showdown: Vor zehn Jahren hatte David Levy gewettet, dass ihn kein Schachprogramm besiegen könne. Jetzt spielte er in Toronto gegen das Schachprogramm Chess 4.7 auf dem Großrechner Cyber 176. Eine Partie gewann die Maschine, einmal kam es zum Unentschieden, dreimal gewann Levy. Die Ehre der Menschheit war erst einmal gesichert. Dabei hatten die Schachprogramme in den vergangenen Jahren dazugelernt und waren sogar kommerziell erfolgreich: Microchess für den KIM-1-Heimcomputer von 1976 verkaufte sich bis 1979 mehr als 50 000-mal.

Schachinteressierte ohne Heimcomputer konnten ab 1977 den Fidelity Chess Challenger 1 kaufen. Das war der erste reine Schachcomputer, also ein Spielbrett mit eingebautem Schachprogramm. Die Züge mussten hier per Hand auf einer Tastatur eingegeben werden. Das Programm war noch nicht ganz ausgereift, so beherrschte der Chess Challenger die Regeln nicht ganz einwandfrei und konnte nur Schwarz spielen. Findige Schach-Nerds kamen aber bald auf einen Trick: Sie mussten einfach einen »Scheinzug« ausführen, den das Programm nicht überprüfte. Wer dann auch noch Computerkenntnisse hatte, konnte die Figurenaufstellung im Speicher ändern. Das Basteln an den eigenen Devices war in den 1970ern gang und gäbe. Und David Levy ruhte sich nicht auf seinem Sieg gegen Chess 4.7 aus. Er verlängerte seine Wette um noch einmal zehn Jahre.

NEXT LEVEL LOADING …

GEGNER, DIE ALLE HASSEN

Die zehn schlimmsten Gegner in Videogames:

- **Mike Tyson**
  Ja, der schlimmste Gegner in *Punch-Out!!* (1984) ist der ehemalige Schwergewichtsboxer und heutige Taubenzüchter Michael Gerard ›Mike‹ Tyson. In diesem Game kann ›Iron Mike‹ den Protagonisten Little Mac mit einem einzigen Schlag ausschalten und bietet kaum Chancen, eigene Schläge anzubringen. In Macs Ohren beißt Mike aber nicht.
- **Der weiße Hai**
  Das Game *Jaws* erschien 1987 für das NES (Nintendo Entertainment System) und ist die Umsetzung von Steven Spielbergs gleichnamigen Filmklassiker (in Deutschland besser bekannt unter dem Titel *Der weiße Hai*). Nach Kämpfen gegen Quallen, Rochen und kleine Haie trifft man auf den titelgebenden Riesenhai und hat nur wenige Sekunden Zeit, ihn anzulocken und mit dem Boot tödlich zu treffen.
- **M. Bison**
  Der Boss-Gegner in *Street Fighter II* (1991) kennt die härtesten Moves und haut sie unbedarften Neulingen um die Ohren: Wer nach Psycho Crusher und Knee Press Nightmare noch stehen kann, dem macht der Somersault Skull Diver endgültig den Garaus. Den Namen M. Bison trägt

übrigens im japanischen Original der Charakter Balrog, der ein wenig an Mike Tyson erinnert.

- **Emerald Weapon**
  Viele Gegner in japanischen Rollenspielen haben verdammt viele Hit Points. Den Vogel schießt die Emerald Weapon aus *Final Fantasy VII* (1997) mit einer Million Trefferpunkten ab. Dazu kommt noch, dass man die Waffe innerhalb von 20 Minuten besiegen muss. Auch wer gut verteidigt, verliert den Kampf, sofern er in diesem Zeitfenster beim Gegner nicht ausreichend Schaden anrichtet.
- **Psycho Mantis**
  Dieser gasmaskentragende Killer aus *Metal Gear Solid* von 1998 hat eine ganze zockende Generation verunsichert. Das Spiel liest nämlich den Speicher der Konsole aus, sodass Psycho Mantis aufzählt, welche Spiele die Person am Controller sonst schon gespielt hat. Im Kampf ahnt er jede Bewegung voraus und ist unbesiegbar – bis man den Port des Controllers wechselt.
- **Twinrova**
  In *Ocarina of Time* (1998) muss Link die beiden Hexen-Zwillinge Kotake und Koume besiegen, die in der ersten deutschen Übersetzung den schönen Namen Killah Omahz tragen. Sie sind nur zu besiegen, wenn Kotakes Eis-Angriffe auf Koume und Koumes Feuer-Angriffe auf Kotake umgeleitet werden. Dann fusionieren allerdings beide zu einem noch stärkeren Gegner.
- **Alma**
  Diese Dämonin ist der siebte Boss in *Ninja Gaiden* (2004) und hat einiges zum Ruf des Spiels als »richtig hart« beigetragen. Hält man Distanz zu der Dämonin, feuert sie zielsuchende Geschosse auf den Avatar des Spielers ab. Geht

man in den Nahkampf, weicht sie aus. Egal, wie man Alma attackiert: Man bekommt Probleme.

- **Rebel Flagship**
  Im Rogue-like *FTL: Faster Than Light* (2012) trotzt man zahllosen Gefahren bei einer Odyssee zwischen den Sternen, und wenn man es dann endlich zum Endgegner geschafft hat, zerlegt es einen. Jedes Mal, wenn man das Rebel Flagship besiegt hat, transformiert es sich in eine neue Form. Gibt es überhaupt jemanden, der die dritte Form geschafft hat?
- **The Nameless King**
  Die gute Nachricht: The Nameless King ist ein optionaler Gegner in *Dark Souls III* (2016). Die schlechte Nachricht: Unter allen ohnehin schwer zu besiegenden *Dark Souls*-Gegnern ist er der härteste. Zunächst muss sein Reitdrache besiegt werden, erst dann kann man sich mit dem gefallenen, Blitze abschießenden Kriegsgott anlegen.
- **Dr. Khal's Robot**
  Im kunterbunten Retro-Zeichentrick-Shoot-'em-up-Game *Cuphead* von 2017 ist nichts ein Kinderspiel. Jedes Level ist ein Bossfight, und im schwersten kämpft man gegen Dr. Khal's Robot. Nach und nach muss man seine Hit Points runterballern, während man Bomben, Laserstrahlen und den tentakelartigen Greifarmen des Roboters ausweicht.

LEVEL 2:
DIE 1980ER

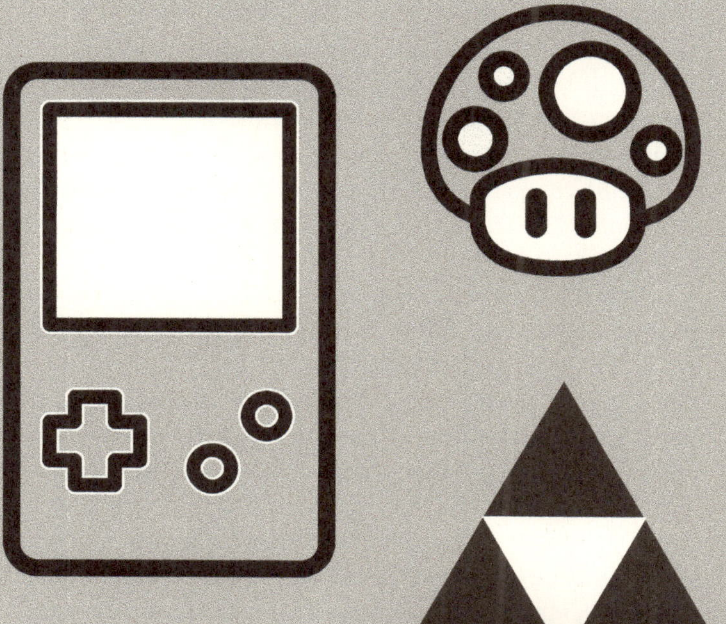

GAMING WIRD GANZ GROSS

Arcades, Spielkonsolen, Heimcomputer: Was in den 1970ern mehr oder weniger langsam anlief, wird in den 1980ern zum Hype. Die breite Öffentlichkeit beginnt, sich für Videogames zu interessieren – manchmal mit einem sehr kritischen Blick. Und die Games entwickeln eine Vielfalt, die viele ihnen zu Beginn nicht zugetraut hätten.

PAKU, PAKU, PAKU …

Der erste große Star des Jahrzehnts ist ein gelber, gefräßiger Kreis: Als *Pac-Man* 1980 das Licht der Game-Arcades erblickte, hieß er noch *Puck Man*. Abgeleitet war der Name von der japanischen Lautmalerei *paku paku*, die für das Geräusch des sich öffnenden und schließenden Mundes steht. Vor dem Import in die USA änderte der Spieleentwickler Namco noch schnell den Namen. Wie peinlich wäre das auch gewesen, wenn einfach irgendwelche Flegel in den USA mit einem Edding oder ein paar Kratzern aus dem »P« ein »F« gemacht hätten …

Dass *Pac-Man* das Zeug zum Erfolg hatte, überrascht vielleicht etwas angesichts des Spielszenarios. Denn ehrlich gesagt klingt es doch ein bisschen wie der Albtraum nach einer Magenverstimmung: Ein gelber Kreis mit Maul – vielleicht ein angeschnittenes Käserad? – rollt durch ein Labyrinth. In den Gängen liegen lauter Pillen rum, die von dem gelben Ding unter Mampfgeräuschen weggeknuspert werden. Dann jagen auch noch vier bunte Geister den Gelben. Zieht er sich eine bestimmte Pille rein, färben sich die Geister blau und können wiederum von ihm gegessen werden. Zwischendurch taucht dann noch etwas Obst auf, das ebenfalls gefressen wird.

Für den Spieldesigner Tōru Iwatani waren all das bewusste Merkmale, die Pac-Man von den bisher eher gewalthaltigen Games für eine männliche Zielgruppe unterscheiden sollten. Und der Erfolg sollte ihm recht geben. Hilfreich dabei war sicher auch der Farbbildschirm, den Namco kurz zuvor entwickelt hatte. Durch die bunten Farben sollte das Videogame frauenaffiner und familienfreundlicher wirken. In Japan war *Pac-Man* nur ein moderater Erfolg, doch in den USA übertraf der Verkauf mit 100 000 Spielautomaten alle Erwartungen.

Die Begeisterung ging sogar so weit, dass Präsident Ronald Reagan im Dezember 1982 ein Glückwunschtelegramm an den achtjährigen Jeffrey R. Yee schickte. Der kleine Jeffrey hatte nämlich in der TV-Sendung *Starcade* behauptet, einen *PacMan*-Weltrekord von 6 131 940 Punkten aufgestellt zu haben. Die Magazine *East West* und *Jade* berichteten über Reagans Telegramm und Jeffreys Kommentar zu seinem Präsidenten: »Der nimmt sich einfach meine Steuern.« Der Schönheitsfehler der Geschichte ist nur: Jeffrey konnte so viele Punkte gar nicht erreichen. Das 256. Level ist aufgrund eines Bugs unspielbar und der höchstmögliche Punktestand ist damit bei 3 333 360 gedeckelt – und sehr schwer zu knacken. Erst 1999 erreichte der Videospieler Billy Mitchell diese Punktzahl – und wurde 2018 nachträglich disqualifiziert. Er hatte das Spiel nicht über die Original-Arcade-Maschine, sondern über einen Emulator gespielt. Dieser fast unerreichbare beinah-mythische Gral von einem Highscore unterstrich die enorme Strahlkraft des kleinen gelben Fresspucks.

MIST, SCHON WIEDER TOT

Und auch diese Aufgabe klingt herrlich mythisch: »Finde das Amulett von Yendor!« war die Quest, um die sich *Rogue* drehte. *Rogue* (übersetzt »Schurke« oder »Einzelgänger«) von 1980 war ein komplett neues Computerrollenspiel, das gleich drei Innovationen ins Genre brachte. Zum einen hatte *Rogue* eine Spielegrafik, wenn auch eine sehr einfache. Die Darstellung erfolgte über ASCII-Zeichen, also ganz normale Buchstaben, Satzzeichen und Zahlen. Die Spielfigur wurde zum Beispiel durch ein »@« dargestellt, das im sich Rundenmodus durch Räume aus Strichen und Gänge aus Rauten bewegte. Dort begegnete es Zombies, die durch ein großes »Z« dargestellt wurden. Das sah nicht richtig gut aus, war aber ein Quantensprung – weg vom reinen Text-Adventure. Die zweite Innovation war der zufällige Aufbau des Dungeons, der jedes Mal anders und neu war. Einer der Designer, Glenn R. Wichman, erinnert sich 1997 an ihren Beschluss: Das Programm bei *Rogue* würde selbst den Dungeon bauen, sodass man bei jedem Spiel ein neues Abenteuer erlebe und selbst die Erfinder vom Spiel überrascht werden könnten. Die dritte Innovation war Permadeath: Starb der Charakter, war es vorbei. Man musste von vorne anfangen und versuchen, mit dem gewonnenen Wissen das nächste Mal zu überleben.

Natürlich war auch *Rogue* nicht komplett neu. Ein Spiel namens *Beneath Apple Manor* verfügte bereits über das Element der zufälligen Dungeons, war aber einfach nicht bekannt geworden. Im Gegensatz zu *Rogue*, das 1984 zum Bestandteil des Betriebssystems BSD Unix wurde und über das ARPANET – den Vorgänger des Internets – weite Verbreitung fand. *Rogue*-Fans programmierten bald ähnliche Games wie *Hack* oder *Moria*, die neue Monster und Charakterklassen hinzufügten, oder *Mission: Mainframe*, das in einen Science-Fiction-Setting angesiedelt war. All diese Videogames fachten die Begeisterung für Fantasy und Rollenspiele weiter an.

PLAY, DIE, REPEAT: ROGUE-LIKES / ROGUE-LITES

Nach *Rogue* ist ein ganzes Game-Genre benannt: Hauptmerkmal der *Rogue*-likes ist, dass man bei der Ludüre dieser Videogames mindestens einmal draufgeht und danach wieder komplett neu anfangen muss, ganz ohne Save Game. Deswegen dauert das Spiel meist auch nicht sehr lang. Traditionelle *Rogue*-likes wie *Dwarf Fortress* nehmen ihr Vorbild besonders ernst. Sie sind rundenbasiert und nutzen lediglich ASCII-Zeichen zur Darstellung der Spielwelt. Die sogenannten *Rogue*-lites dagegen nutzen die Grafikmöglichkeiten moderner Spiele und kombinieren den Permadeath/Repeat-Modus mit Raumschiffstrategie *(FTL: Faster Than Light)*, taktischem Sammelkartenspiel *(Slay the Spire)* oder Platform Shootern in Retro-Pixeloptik *(Risk of Rain)*.

AMIGA HEISST FREUNDIN

»Unter 300 Dollar: der Wundercomputer der 1980er, der Commodore VIC-20.« 1980 pries niemand Geringerer als William Shatner den neuen Heimcomputer von Commodore in TV-Werbespots an. Ob es an der Aura von Captain Kirk oder an der Leistungsfähigkeit des Rechners lag, der VIC-20 (in Deutschland als VC-20 bekannt) verkaufte sich eine Million Mal. Und damit begann der Erfolg einer der einflussreichsten PC-Firmen des Jahrzehnts. 1982 folgte der C64, so genannt wegen seines Arbeitsspeichers von 64 KB RAM. In Deutschland hatte er aufgrund seines klobigen Aussehens schnell den Spitznamen ›Brotkasten‹ weg. Zur Mitte des Jahrzehnts kaufte Commodore dann die Firma Amiga auf, die in finanziellen Schwierigkeiten steckte. Amiga war gerade dabei gewesen, für Atari eine Spielekonsole zu entwickeln. Commodore änderte das Projekt: Der Amiga sollte keine Konsole, sondern ein Personal Computer werden. Mit einer grafischen Benutzeroberfläche namens *Intuition* und der Fähigkeit, mehrere Programme gleichzeitig auszuführen, machte der Amiga einen guten Eindruck. Allerdings sorgten in der Anfangszeit häufige Abstürze nicht unbedingt für einen erstklassigen Ruf. Auf dem von IBM beherrschten US-Markt verkaufte sich der Amiga nicht besonders gut. In Europa sah das anders aus, gerade in Deutschland war das Marketing besonders effektiv. So war Commodore mehrere Jahre lang Trikotsponsor des FC Bayern München, 1988 stand auf den Bayern-Trikots sogar »Kiss me, AMIGA«. Und 1987 dominierte Commodore mit dem für damalige Verhältnisse recht günstigen Amiga 500 (Preis circa 1300 D-Mark) das Weihnachtsgeschäft. Ein Startschuss für die sich damals entwickelnde Programmier- und Gaming-Szene.

DIE HAUPTSTADT DER VIDEOGAMES

1981 öffnete eine neue Game-Arcade namens Twin Galaxies ihre Pforten im beschaulichen Städtchen Ottumwa im ländlichen Iowa. An und für sich keine Besonderheit, schließlich verdoppelte sich zwischen 1980 und 1982 die Zahl der Game-Arcades in Nordamerika. Aber Twin Galaxies hatte etwas,

was die anderen Game Arcades nicht hatten: das National Scoreboard. Twin-Galaxies-Gründer Walter Day hatte vor der Eröffnung über 100 Game Arcades in den USA besucht und sich dort die Highscores aller möglichen Videogames notiert. Anfang 1982 veröffentlichte er die Rekordliste unter dem Titel »Twin Galaxies National Scoreboard«. Damit hatte Day einen Nerv getroffen. Die mediale Berichterstattung um den Videogame-Hype brauchte Fakten, Zahlen – und Stars! Denn wer auch immer einen Highscore erreichte, konnte jetzt in Magazinen wie *Video Games*, *JoyStik* oder dem italienischen *Videogiochi* gefeatured werden. Eine Zeit lang war Twin Galaxies der offizielle Partner des Guinnessbuchs und organisierte Turniere, bei denen Guinness die Rekorde aufzeichnete. Die Partnerschaft endete 1988, als der Videogame-Hype langsam abflaute.

Twin Galaxies brachte auch das erste professionelle Videogame-Team hervor – dessen Geschichte aber in einem der größten Flops der Game-Geschichte mündete. 1983 meldete sich ein Geschäftsmann aus Boston bei Walter Day. Jim Riley hatte eine Vision: ein durch die USA tingelnder Zirkus von Profi-Gamern, die in jeder Stadt ihr Bestes gaben, immer bereit, sich der Herausforderung durch Unbekannte zu stellen. Dazu sollte es ein Begleitprogramm mit Bands, Fahrgeschäften und sogar *Pac-Man* spielenden Schimpansen geben. Der Name: Electronic Circus. Day war begeistert und stellte eine Truppe zusammen, doch schon beim Auftakt in Boston war der Traum geplatzt. Der Grund dafür war nicht etwa, dass die Schimpansen durch einen Mann im Gorilla-Kostüm ersetzt worden waren. Vielmehr besuchte schlicht und einfach kaum jemand den Electronic Circus. Das lag zum Teil wohl an einer unerwarteten Hitzewelle, es lag aber auch an der schlechten Location und an überzogenen Preisen von

9 Dollar pro Ticket. Statt den erwarteten 10 000 Besuchern fanden gerade einmal 2000 täglich den Weg zum Electronic Circus. Days Team landete so zwar auf dem harten Boden der Tatsachen, aber dadurch ließ sich der gute Mann nicht entmutigen. Unter dem Titel U.S. National Video Game Team unternahmen die Nerds eine Bustour durch die Vereinigten Staaten. Sie führten Turniere durch und tourten 1987 sogar durch Europa.

Und für Ottumwa brachte das National Scoreboard immerhin einen ordentlichen Imagegewinn, 1983 ernannte der Bürgermeister das Örtchen zur Video Game Capital of the World. »Die Videogames-Hauptstadt zwischen den ganzen Schweinen, das hat schon einen gewissen Charme«, sagte Day 1983 der Reporterin eines Lokalblattes und spielte damit auf die zahlreichen Schweinefarmen an, für die Iowa bekannt ist.

DIGITALER SPORT: DER URSPRUNG VON E-SPORT

Das U.S. National Video Game Team war wohl so etwas wie das erste E-Sport-Team, auch wenn der Begriff damals natürlich noch nicht geprägt war. E-Sport ist die Abkürzung für Electronic Sport. Heute spielen Teams aus zahlreichen Ländern in unterschiedlichsten Ligen gegeneinander. Große E-Sport-Turniere wie der Honor of Kings World Champion Cup oder The International sind Events, die Arenen füllen. Zu den ersten großen Wettkämpfen gehörte die National Space Invaders Championship 1980. 10 000 Teilnehmer traten an, am Ende gewann Rebecca Ann Heineman, damals noch unter ihrem männlichen Geburtsnamen. Damit hat Heineman die erste E-Sport-Meisterschaft der Welt gewonnen.

NAZI SCUM MUST DIE!

Immer nur Weltraum war auch irgendwann langweilig. In den 1980ern breiteten sich Games in allen möglichen Genres aus. Inspiriert vom Kriegsfilm *Die Kanonen von Navarone* entwarf Silas Warner 1981 eines der ersten Games mit Elementen von Stealth Game und Shooter: *Castle Wolfenstein.* Beim Spielen sieht man die Räume der fiktiven Burg Wolfenstein aus der Vogelperspektive und muss als Spion der Alliierten im Zweiten Weltkrieg aus der Festung entkommen – am besten mit den geheimen Kriegsplänen der Deutschen. Das Gameplay unterschied sich nicht besonders von anderen Spielen, schon das Arcade-Game *Berzerk* bot eine ähnliche Ansicht. Revolutionär war die Sprachausgabe der Wachen und der SS-Soldaten, die »Halt!«, »Schweinhund!« und natürlich »Achtung!« riefen. So legte *Castle Wolfenstein* das Fundament für eine Gaming-Tradition, die bis heute erfolgreich ist: Wenn Aliens und Roboter als Gegner nicht mehr böse genug sind, gibt es immer noch Nazis!

BANG, BANG, I SHOT YOU DEAD: SHOOTER

Castle Wolfenstein war zwar einer der ersten Shooter, unterschied sich aber in einem wichtigen Aspekt von heutigen Genre-Vertretern. Denn Ego-Shooter werden in der Ego-Perspektive gespielt: Auf dem Bildschirm ist also das zu sehen, was auch die eigene Spielfigur sieht. Diese Sicht gab es für *Wolfenstein* aber erst ab dem dritten Game, *Wolfenstein 3D* von 1992. Weiterhin definiert den Shooter eine frei begehbare 3-D-Spielwelt und natürlich ist das Gameplay mit Schusswaffengebrauch verbunden. Daraus folgt oft ein futuristisches oder militärisches Setting. Im englischsprachigen Bereich heißt das Genre *first-person shooter*.

Auch hier gibt es Untergenres wie zum Beispiel den Taktik-Shooter, wenn besonderes Gewicht auf der Zusammenarbeit des Game-Teams besteht. Oder den Stealth-Shooter, wenn das heimliche Anpirschen an die Gegner wichtiger ist als das Ballern.

ENDBOSS HITLER

Mit der Fortsetzung von *Castle Wolfenstein*, *Beyond Castle Wolfenstein* aus dem Jahr 1984, begann eine weitere Videogame-Tradition: Adolf Hitler zum Endboss zu machen. Das Ziel der *Wolfenstein*-Fortsetzung ist es, als Agent eine Bombe in das Führerhauptquartier zu schmuggeln. Gelingt das Attentat, endet das Spiel mit der Grafik einer Explosion, Hitler und sein Kabinett sind Geschichte und der Agent erhält eine Beförderung. Mit einem einmaligen Auftreten von Hitler sollte es die elektronische Unterhaltungsindustrie nicht belassen, der Diktator tritt seitdem immer wieder in Games in Erscheinung. Wobei der Obernazi bei Lokalisierungen auch manchmal herausgeschnitten wurde. Was teilweise verständlich ist, weil Faschismus ein kontroverses Thema ist – für viele zu kontrovers für ein scheinbar reines Unterhaltungsmedium. Und in einem Punkt trifft die Kritik: Eine echte Auseinandersetzung mit der Nazi-Ideologie gibt es in den wenigsten Fällen.

Eine kleine Liste von Hitler-Auftritten in Videogames:

Jahr	Game	Was ist mit Hitler?
1984	*Beyond Castle Wolfenstein*	Ziel: Hitler im Zweiten Weltkrieg töten.
1988	*Golgo 13: Top Secret Episode*	Japanisches Spiel, Hitler wurde in der US-Ausgabe in Smirk umbenannt.
	Bionic Commando	Ebenfalls ein japanisches Spiel, Hitler wurde dieses Mal in den USA in Master D umbenannt.
1992	*Wolfenstein 3D*	Hitler trägt eine Hightech-Rüstung und zwei Maschinenkanonen. Wird er erschossen, sagt er »Eva, auf Wiedersehen« und zerlegt sich zu blutigem Matsch.
1996	*Command & Conquer: Alarmstufe Rot*	Zu Beginn des Spiels reist Albert Einstein zurück in das Jahr 1924, um Hitler zu eliminieren. Daraus folgt ein Krieg der Sowjetunion gegen die Alliierten.
1999	*Persona 2: Innocent Sin*	Hier steht Hitler in einer japanischen Küstenstadt wieder auf, um gegen eine Gruppe Teenager zu kämpfen.
2007	*Operation Darkness*	Hitler ist hier ein Erzmagier, der Drachen beschwören kann.
2012	*Sniper Elite V2*	Im Download-Content gibt es eine Mission mit dem Ziel, Hitler zu erschießen.
2015	*Zombie Army Trilogy*	Zombie-Hitler ist der Endgegner in diesem Zombie-Shooter.

Jahr	Game	Was ist mit Hitler?
2016	*Hearts of Iron IV*	In diesem Strategiespiel ist Hitler einer der möglichen gegnerischen Anführer. In der deutschen Version ist sein Bild aber geschwärzt.
2017	*Wolfenstein II: The New Colossus*	In der deutschen Version wurde Hitlers Schnurrbart entfernt und er wurde in »Heiler« umbenannt.
2020	*Zombie Army 4: Dead War*	Überraschung! Zombie-Hitler aus dem Vorgänger ist gar nicht tot, sondern befehligt die Zombie-Wehrmacht aus der Hölle.

DIGITALE KRIEGSFÜHRUNG

Mit oder ohne Hitler: Der Zweite Weltkrieg erwies sich als beliebtes Thema für Strategiespiele. Das erste kommerzielle Kriegsspiel war *Computer Bismarck* von 1980, das für den Apple II erschien. Eine Werbeanzeige versprach vollmundig »Versenken Sie die Bismarck – mit Ihrem Apple!«. Spielszenario sind die Seekämpfe im Nordatlantik, bei denen die Royal Navy das deutsche Schlachtschiff Bismarck versenkte. Bei *Computer Bismarck* befehligt man die Alliierten, während der Computer unter dem Namen »Otto von Computer« die Kriegsmarine befehligt. Eine Option war das Spiel zu zweit, bei dem beide Seiten von Menschen gesteuert wurden. *Computer Bismarck* spielt auf einer Nordatlantikkarte. Buchstaben stellen Einheiten wie Kreuzer und Flugzeuge sowie Einrichtungen wie Flugplätze und Häfen dar. Die Einheiten unterscheiden sich in ihrer Mobilität, Feuerkraft und ihren

Schwachstellen. Die Spielzüge bestehen aus Phasen, in denen beide Seiten abwechselnd Befehle eingeben, um ihre Einheiten zu bewegen. Für zerstörte gegnerische Einheiten erhält man Punkte. Nachdem die Bismarck versenkt worden oder eine bestimmte Anzahl von Runden vorbei ist, endet das Spiel. Abhängig von der Anzahl der Punkte gewinnen dann die britischen oder die deutschen Streitkräfte.

Damit öffnet *Computer Bismarck* auch die Flanke zu einem literarischen Science-Fiction-Genre: der Alternativwelterzählung. Welche Folgen ein deutscher Sieg im Zweiten Weltkrieg gehabt hätte, schildern Romane wie *Das Orakel vom Berg*, aber auch Games wie *Wolfenstein: The New Order* von 2014. Das Genre Kriegsspiele wiederum gibt sich betont unpolitisch. Taktik und Strategie werden im historischen Setting ausprobiert, ohne Vernichtungslager oder Völkermord zu thematisieren.

DU BIST DRAN! RUNDENBASIERTE STRATEGIESPIELE

Sie sind zwar komplett digital, aber in einer Hinsicht haben sich manche Videogames nie von den Brettspielen emanzipiert. Rundenbasierte Strategiespiele heißen so, weil das Spiel in einzelnen Runden abläuft. Das hat den Vorteil, dass man auch mal ein bisschen über den nächsten Zug nachdenken kann – zumindest, wenn der Gegner ein geduldiger Computer ist. Spielt man gegen einen anderen Menschen, ist es wie in jedem rundenbasierten Spiel: Dem einen ist man zu schnell, der anderen zu langsam.

VERBOTENE KRIEGSSPIELE

Dass es überhaupt Kriegsspiele gab, wurde insbesondere in Deutschland sehr kritisch gesehen. So wurde zum Beispiel das Atari-Spiel *River Raid* der Programmiererin Carol Shaw als erstes Spiel in Westdeutschland indiziert. Denn schließlich fliegt man hier in einem Jet über eine Landschaft und erhält Punkte dafür, Tanker, Treibstofflager, Hubschrauber, feindliche Jets und Brücken wegzubomben. In der Begründung hieß es 1984 von der Bundesprüfstelle für jugendgefährdende Schriften (BPjS): »Jugendliche sollen sich in die Rolle eines kompromisslosen Kämpfers und Vernichters hineindenken.« Trotz der einfachen Grafik fanden die Verantwortlichen, dass mit *River Raid* eine paramilitärische Ausbildung im Kindesalter stattfindet. Es sei vielleicht keine paramilitärische Ausbildung, aber es trotzdem sei es das Verbreiten der Ideologie, dass ein Angriffskrieg billigenswert sei, ergänzt Elke Monssen-Engberding – von 1991 bis 2016 Vorsitzende der BPjS – das damalige Urteil in der Doku *Killerspiele – Der Streit beginnt* von Christian Schiffer. Erst 2002 wurde die Indizierung aufgehoben und das Spiel ohne Altersbeschränkung freigegeben.

Kriegsspiele dieser Art wirken umso harmloser, wenn man sie mit dem wohl berüchtigsten Game vergleicht, das in den 1980ern von Unbekannten auf dem Amiga programmiert und 1989 indiziert wurde: *KZ Manager* verharmlost und verherrlicht die Shoa – den Völkermord der Nazis an der jüdischen Bevölkerung Europas.

CRACKER CRACKEN, KONZERNE TOBEN

In den 1980ern tobte auch der immergleiche Wettstreit: Wer schaffte es, den Kopierschutz der neuesten Titel am schnellsten zu knacken? Die Crackerszene entstand, sobald die ersten Hersteller ihre Videogames mit einem Kopierschutz versahen. Zum Teil ähnelten die Cracker den bekannten Hackern mit dem Ziel der freien Informationen für alle. Allerdings waren die Cracker weniger idealistisch motiviert und wollten vor allem Games, Programme und später auch Filme verbreiten. Vor jedes gecrackte Game setzten Gruppen wie Fairlight oder German Cracking Service dann das eigene Logo, um sich den Ruhm zu sichern. Für viele Gamer war das Logo einer etablierten Crackergruppe auch ein Garant, dass das gecrackte Spiel fehlerfrei lief. Das führte dann dazu, dass manche Cracker die Logos anderer Gruppen kopierten, um Qualität vorzutäuschen. Gerade diejenigen, die ihre Cracks verkauften, konnten so bessere Geschäfte machen.

RAUBKOPIE: EIN AUFGELADENES WORT

Ein Raub ist definiert als ein Verbrechen, bei der eine Person einer anderen mit Gewalt oder Drohungen ein bewegliches Gut abnimmt. Beim Kopiervorgang auf dem Rechner gibt es aber keine Gewalt – selbst das Cracken macht nichts kaputt. In juristischen Kreisen gibt es das Wort »Raubkopie« auch überhaupt nicht, laut dem deutschen Urheberrechtsgesetz nennt man so etwas »rechtswidrig hergestellte, verbreitete oder zur rechtswidrigen Verbreitung bestimmte Vervielfältigungsstücke«.

Es gibt die Theorie, dass die Musikindustrie den Begriff geprägt hat, als Audiokassetten aufkamen. Die sei aber falsch, heißt es im Buch *No Copy: Die Welt der digitalen Raubkopie.* Außerdem habe der Begriff in der Umgangssprache schon lange existiert und sei bereits weitverbreitet. Publisher verwenden den Begriff auch heute noch gerne, um moralischen Druck aufzubauen. Als Antwort darauf nutzt vor allem die ältere Hackergeneration gerne das satirisch überspitzte »Raubmordkopie«.

LESEN ÜBER GAMES: +1 LIFE FÜR DEN SPIELEJOURNALISMUS

Der Game-Hype der 1980er-Jahre bereitete einem neuen Spielejournalismus den Weg. Kannte die Welt bisher nur Branchenblätter der Videogame-Industrie wie *Play Meter*, erschien 1981 in Großbritannien zum ersten Mal die *Computer and Video Games (CVG).* Zwar gab es Ende der 1970er bereits regelmäßige Videogame-Kolumnen in US-amerikanischen Computerzeitschriften und japanischen Manga-Magazinen, aber *CVG* war das erste Magazin mit dem Schwerpunkt Videospiele. Ausgabe eins enthielt außer sehr viel Werbung Ankündigungen von kommenden Games, Tipps für das Spielen von *Adventures*, Rezensionen, ein Kreuzworträtsel und den Code für einen *Space Invaders*-Klon, der auf einem Heimrechner Marke Nascom 2 laufen sollte. Zwei Wochen nach der Erstausgabe erschien in den USA mit *Electronic Games* ein ähnliches Format. Schon bald boomten die Computerspielzeitschriften. 1983 schrieb das Nachrichtenmagazin *Spiegel*: »Zeitschriften wie *Joystick* und *Digit* unterweisen die Videospielsüchtigen im Erproben neuer Spielprogramme.«

Das Magazin *CVG* erschien in gedruckter Form bis 2004, die Website war bis 2015 aktiv. Die ältesten vergleichbaren

Publikationen, die heute noch existieren, sind die japanische *Famitsū*, 1986 gegründet, und die italienische *The Games Machine*, gegründet 1988. Im Jahr 1982 erschien mit der *TeleMatch* die erste Videogame-Zeitschrift in Westdeutschland. »Wer telespielt, ist selbst ein Superheld«, verkündete die Redaktion in der ersten Ausgabe. Die Zeitschrift hatte ein kurzes, aber ereignisreiches Leben, wurde zweimal umbenannt – erst in *Computer Software Magazin*, dann in *Computer-Praxis/TeleMatch* –, dann aber schon 1985 eingestellt. Die Wertungen mit den Empfehlungskategorien MUST, TRY, SHOULD und COULD sind heute noch komplett online abzurufen (www.videospielzeitschriften.fandom.com). Im Jahr 1986 war dann *Aktueller Software Markt* die einzige Fachpublikation in der BRD. Zwei Jahre später machte ihr die monatliche Spiele-Ausgabe der *Happy Computer* unter dem Titel *Power Play* Konkurrenz. Und 1989 brachte Nintendo ein eigenes deutschsprachiges Magazin heraus: Im *Club Nintendo Magazin* fand man natürlich keinen unabhängigen Spielejournalismus, aber Infos für die Fangemeinde.

IM BETT MIT DEM ZX81: BRITISH BEDROOM CODERS

Während die Gaming-Industrie in Japan und den USA von immer größeren Firmen dominiert wurde, entstand in Großbritannien eine Art Graswurzelbewegung im Game-Design. Günstige Heimcomputer wie die Rechner der ZX-Reihe waren seit 1982 erhältlich, während die Verbreitung des Schulcomputers BBC Micro für Coding-Grundkenntnisse sorgte. Viele Teenager und junge Erwachsene begannen, die Spiele, die sie aus den Arcades kannten, auf ihren Heimrechnern umzusetzen. So entstanden in Kinderzimmern Rip-

Offs wie *Gobbleman* (Vorbild *Pac-Man*) oder *Space Raiders* (Vorbild *Space Invaders*). Schon bald entwickelte Großbritanniens Jugend ganz eigene Games, für die innerhalb kurzer Zeit ein Markt entstand. *Football Manager* von 1982 oder *Skool Daze* waren mit den Spielideen - wenn auch weniger mit der Grafik - ihrer Zeit weit voraus. *Elite* von 1984 gilt als eines der einflussreichsten Spiele des Jahrzehnts und kombiniert Handelssimulation mit Weltraumflug und einer offenen, riesigen Spielwelt.

Wer in dieser Zeit ein eigenes Spiel programmiert hatte, konnte Kopien davon auf Kassette ziehen und verkaufen, oft über Anzeigen in Zeitschriften wie der *CVG*. Oder die Bedroom Coders (einfach übersetzt Schlafzimmercodierer) boten den Zeitschriften den Code an, kriegten ein paar Pfund dafür und konnten ihn dann in der nächsten Ausgabe abgedruckt sehen. Wer das Game dann auf dem eigenen ZX Spectrum spielen wollte, musste nur in mühsamer Kleinarbeit den Code Zeile für Zeile abtippen. Aus dieser Bewegung der Solo-Coder entstanden erste Software Houses, also Games-Vertriebe.

Das Ende der Bedroom-Coder-Ära kam mit komplexen Heimcomputern wie dem Atari ST und dem Amiga. Für die Programmierung von Spielen für diese Rechner brauchte es Teams, keine Solo-Coder, die alles im eigenen Schlafzimmer erledigten. Dennoch hat ihr Beitrag zur Entwicklung bis heute Folgen. Das erste *Grand Theft Auto* wurde zum Beispiel vom schottischen Software House DMA produziert und einer der Programmierer bezeichnete es als »*Elite* in einer Stadt« (in Anlehnung an das erwähnte Spiel *Elite* von 1984).

GENERAL- UND SEXUALVERBRECHER

Einer der Tiefpunkte der Game-Historie war 1982 erreicht: Das Spiel *Custer's Revenge* erschien in der Reihe Swedish Erotica des Spieleentwicklers Mystique, hatte mit Schweden und Erotik aber nichts zu tun. Die Titelfigur Custer ist niemand anders als der US-General, der im 19. Jahrhundert gegen Sioux und Cheyenne gekämpft hat und in der Schlacht am Little Bighorn starb. Seine Rache im stark pixeligen Atari-Game besteht darin, sich nackt mit erigiertem Penis einer an einen Pfahl gebundenen Frau zu nähern und sie zu vergewaltigen. Das Gameplay besteht nur darin, immer wieder vom Himmel fallenden Pfeilen auszuweichen. *Custer's Revenge* für den Atari 2600 machte natürlich Schlagzeilen, zu Recht gab es Proteste. Besonders unangenehm fällt auch noch heute die Marketingstrategie des Vertriebs AMI auf. Der hatte Frauenrechtsgruppen und Organisationen der Native Americans eingeladen, das Spiel im Voraus zu sichten. Als Folge der negativen Schlagzeilen verklagte Atari Mystique und bald wurde *Custer's Revenge* aus dem Handel genommen – nicht ohne dass zuvor 80 000 Exemplare zu je knapp 50 US-Dollar verkauft wurden. Anscheinend war für einen Teil der Kundschaft *Custer's Revenge* ein harmloses Spiel. Nicht so für die US-amerikanische Soziologin und Feministin Andrea Dworkin. In ihrem Buch *Letters from a War Zone* zitiert sie Aussagen von Vergewaltigern, die sich explizit auf *Custer's Revenge* beziehen.

SEX IN VIDEOSPIELEN

Ein Teil des Skandals um *Custer's Revenge* lag in den Augen der US-amerikanischen Öffentlichkeit nicht nur darin, dass hier Vergewaltigungen normalisiert wurden, sondern vor allem in der expliziten Darstellung von Sexualität überhaupt. Gewalt wurde in den meisten Games toleriert, Sex war aber etwas komplett anderes. Dabei war schon 1981 mit *Softporn Adventure* für den Apple II ein Text-Adventure erschienen, bei dem ein Playboy Abenteuer in Kneipen, Diskotheken und Casinos erlebt. Während in den USA Sex in Games lange Zeit ein absolutes Tabuthema war, entstand in Japan ein ganzes Genre: Erogē, kurz für Erotic Game. Die meisten Erogē sind Visual Novels oder Dating Sims, aber auch andere Spielgenres sind vertreten. Lange Zeit haben Konsolenhersteller sexuelle Spielinhalte unterbunden, heute sind auch Sexszenen in großen Produktionen wie *The Witcher* oder *The Last of Us* möglich. Sex-Games sind aber eher Independent-Produktionen – zum Beispiel *Hardcoded*, mit einem transsexuellen Androiden als Hauptfigur.

VIDEOGAMES AUF DER LEINWAND: *TRON*

Die aufkommende Begeisterung für Videospiele schwappte auch ins Kino. 1982 spielte *Tron*, produziert von der Disney Company, schon am Eröffnungswochenende mehr als 4,7 Millionen US-Dollar ein. *Tron* ist die Geschichte des Programmierers Kevin Flynn (Jeff Bridges), der von einer Strahlenkanone digitalisiert wird und sich als Programm in einem Computernetzwerk wiederfindet. Hier lernt er andere Programme wie den titelgebenden Tron kennen und kämpft gegen das böse Master Control Program. Dabei muss Flynn immer wieder in Gladiatorenspielen, die an *Pong* oder Rennspiele erinnern, gegen andere Programme antreten.

Herausragend an *Tron* war die Optik. Die digitale Welt und die Programme erschienen durch neonstrahlende Effekte auf dunklem Untergrund unglaublich futuristisch. Das Design des französischen Comic-Künstlers Moebius vermittelte den Eindruck einer völlig fremden digitalen Welt. Dazu kamen erste einfache Computeranimationen, die sich hervorragend in die Optik der stark bearbeiteten Szenen einfügten. Der Filmkritiker Roger Ebert schrieb damals in der *Chicago Sun-Times*, dass dies ein fast gänzlich technologischer Film sei. Für diejenigen, die sich in den Gaming Arcades zu Hause fühlten, war *Tron* eine Offenbarung. Der Gamer/Hacker war hier nicht ein unsportlicher pickeliger Teenager wie in vielen anderen Komödien der Zeit, sondern der Filmstar Jeff Bridges. In der Eröffnungsszene in der Game Arcade sieht man auch Spielerinnen, die kompetent und attraktiv sind. Sobald Flynn sich im Computer befindet, erkennen Gamer sofort die Mechanismen der digital-verspielten Welt wieder. *Tron* trug dazu bei, dass sich Gamer als eine gesellschaftliche Gruppe identifizieren konnten und sich anerkannt fühlten. Denn der Großteil der Gesellschaft stand dem Hobby immer noch misstrauisch gegenüber.

BÜCHER UND VIDEOSPIELE: VERSPIELUNGEN UND DRACHENREITER IM WELTALL

Die Skepsis der breiten Masse blieb auch dann noch bestehen, als verstärkt literarische Vorlagen als Videogame adaptiert wurden. Schon *Spacewar!* war beeinflusst von den Science-Fiction-*Pulp*-Heften der *Lensmen*-Reihe, die zur bevorzugten Lektüre der MIT-Studenten gehörten. Und diverse

Computerrollenspiele waren mal mehr, mal weniger deutlich an Tolkiens *Der Herr der Ringe* angelehnt. Die erste direkte Umsetzung einer Romanreihe lief 1983 auf Rechnern vom Typ Atari 8-bit und Commodore 64: *Dragonriders of Pern*, eine Adaption der gleichnamigen Bücher von Anne McCaffrey. Die Handlung spielt auf dem Planeten Pern, der von Menschen und intelligenten Drachen besiedelt ist und alle paar Jahrhunderte von außerirdischen Sporen angegriffen wird. »*Dragonriders of Pern* ist auch ein faszinierender Vorläufer der nächsten Generation«, heißt es 1984 im Computermagazin *Compute!*, was eine durchaus korrekte Vorhersage ist. Zwar erschufen die meisten Videogames der folgenden Jahre eigene Welten, dennoch sind Literaturadaptionen seit 1983 ein fester Bestandteil des Angebots – seien es Text-Abenteuer wie *Sherlock* (1984) oder Strategiespiele wie *Dune* (1992). Elemente aus den Werken bestimmter Autoren wie J. R. R. Tolkien und H. P. Lovecraft finden sich in nahezu allen Fantasy- beziehungsweise Horror-Games. Und die Hauptfigur der Romane des polnischen Autors Andrzej Sapkowski wird 2015 endgültig weltberühmt: Der Hexer Geralt ist der Protagonist des äußerst erfolgreichen Action-Rollenspiels *The Witcher 3: Wild Hunt*.

VIDEOSPIELE UND BÜCHER: ADAPTIONEN

Aber es geht auch in die andere Richtung: 1984 veröffentlicht Warner Books das Buch *Shadowkeep* (drei Jahre später auf Deutsch als *Shadowkeep. Das dunkle Land*), das als die erste Romanadaption eines Videospiels gilt. *Shadowkeep* verbindet Elemente von Rollenspiel und Adventure und ist eine typische Fantasy-Story mit einem bösen Dämon, Trollen und einem Zauberer. Der Autor Alan Dean Foster betrat damit

Neuland, auch wenn sein Spezialgebiet im Romanbereich die Buchfassungen von Filmen waren. So schrieb er zum Beispiel die Romanfassung des ersten *Star Wars*-Films.

Heutzutage gehören Bücher und ganze Buchreihen zu jedem großen Game-Franchise. Allein für die Spielereihen *Halo*, *Diablo*, *World of Warcraft* und *Assassin's Creed* sind jeweils mehr als ein Dutzend Bücher erschienen – wobei sich im Fall von *Assassin's Creed* der Kreis schließt: Der erste Teil der Reihe von 2007 war vom historischen Roman *Alamut* inspiriert, der schon 1938 veröffentlicht wurde.

JETZT GIBT'S WAS AUF DIE KAULEISTE

Aber bevor der Eindruck entsteht, Videogames seien literaturbeflissene Hochkultur: In den 1980ern kam auch das erste Prügelspiel auf den Markt. *Karate Champ* von 1984 (japanischer Originaltitel *Karate Dō*) startete das »Beat 'em up«-Genre. In der allerersten Fassung spielte man noch alleine gegen den Computer, aber schon im selben Jahr gab es ein Update für den Player-versus-Player-Modus.

Auf dem Bildschirm zeigt *Karate Champ* in zweidimensionaler Seitenansicht zwei Karate-Kämpfer. Einer trägt Rot, der andere Weiß. Der Kampf findet in einem Dojo, also einer Kampfkunst-Trainingshalle, statt. Man kann mit zwei Joysticks bis zu 24 verschiedene Moves durchführen – unterschiedliche Tritte, Schläge, Blocks oder Ausweichaktionen. Ein Treffer beendet die aktuelle Runde und gibt einen oder einen halben Punkt. Wer zuerst zwei Punkte hat, gewinnt das Turnier, von denen es insgesamt zwölf gibt. Die japanische Version von *Karate Champ* hatte eine Sprachausgabe für den Schiedsrichter, der »Kämpft!« oder »Gewinner!« ausruft. Angesichts moderner Beat 'em ups mit blutigen Fatality-Animationen, feuerballschleudernden Kämpfern und verwinkelten Storylines ist *Karate Champ* ein solides Sportspiel. Das Grundkonzept ist aber auch in modernen Games erhalten geblieben: ein Turnier, mehrere Kämpfer (selten Kämpferinnen) und verschiedene Kampfarenen. Nur, dass heute alle Fighter unterschiedliche Kampftechniken und Fähigkeiten mitbringen. Wer alle anderen umgekloppt hat, fährt mit der Trophäe nach Hause. Bis zum nächsten Teil …

EIN FEST DER HIEBE: BEAT 'EM UP ALS GENRE

Bei *Karate Champ* reichte noch ein Treffer, bei modernen Beat 'em ups wie *Mortal Kombat* oder *Tekken* muss man dem Gegner regelrecht die braunen Pixel aus dem Leib prügeln. Beide Spielfiguren haben eine Energieleiste, die durch gegnerische Treffer verringert wird. Erst wenn die Energie durch mehrere ungeblockte Angriffe auf null runtergewemst wurde, ist der Kämpfer ausgeschaltet. Meistens lösen unterschiedliche ungeblockte Angriffe hintereinander fette Kombo-Effekte frei. Viele Beat 'em ups enthalten auch fantastische Elemente wie Untote, Cyborgs oder blitzeschleudernde Götter. Das Erbe von *Karate Champ* bleibt aber bestehen: Meist werden Anleihen an reale Kampfstile wie Karate, Kung-Fu oder Boxen gemacht. Auf Englisch nennt man das Genre Beat 'em up übrigens fighting game. Der Begriff »Beat 'em up« ist für das Genre der Brawler (englisch für »Prügler«) reserviert, bei denen nicht Mann gegen Mann gefochten wurde, sondern der oder die Protagonisten ganze Scharen von Gegnern in einem 2-D-Umfeld niederknüppelten.

Dass sich Kampfspiele auch heute noch größter Beliebtheit erfreuen, liegt auch an den immensen Cross-over-Möglichkeiten. Wer schon immer mal als Super Mario dem flauschigen Pikachu auf die süße kleine Stupsnase hauen wollte, konnte sich 1999 über *Super Smash Bros.* freuen. Das geht in der spieleübergreifenden Cross-over-Plattform für Nintendo-Figuren nämlich. Aber da hören die Möglichkeiten noch lange nicht auf. So war Freddy Krueger schon einmal Gast bei *Mortal Kombat* und Darth Vader schwang das Laserschwert bei *Soulcalibur*. Alles eine Frage der Lizenzen.

FROM RUSSIA WITH FUN

Allein schon bei der Erwähnung des Namens *Tetris* spielt in zahlreichen Köpfen der Generation 35+ sofort eine Melodie. Es ist das russische Lied *Korobeiniki*, das durch das Puzzlespiel unerwarteten Weltruhm erlangte. Doch bis *Tetris* klang wie *Tetris*, vergingen einige Jahre. Angefangen hatte alles 1984. Der russische Programmierer Alexei Paschitnow sollte die Fähigkeiten des neuen sowjetischen Computers Elektronika-60 austesten. Also entwarf er ein Computerspiel. Inspiriert hatte ihn das analoge Puzzlespiel *Pentomino*. Das besteht aus zwölf einfachen Formen, die alle aus fünf Würfeln (oder Quadraten) zusammengesetzt sind. Die Herausforderung bei *Pentomino* besteht darin, aus den Spielsteinen unterschiedliche Formen zu legen. Für die digitale Umsetzung strich Paschitnow einen Baustein und nutzte stattdessen Tetraminos – also Bausteine aus vier Quadraten. Das reduzierte schon einmal die Zahl, es gab nur noch fünf Steine plus zwei gespiegelte Versionen. Das von Paschitnow programmierte

Spiel bestand darin, dass die Bausteine von oben herunterfallen und durch Drehen und seitliche Verschiebung am unteren Bildschirmrand zu vollständig gefüllten Reihen aufgeschichtet werden müssen. Ist eine Reihe voll, verschwindet sie und man erhält Punkte. Aufgrund der grafischen Beschränkungen des Elektronika-60 nutzte die erste *Tetris*-Version wie einige frühe Spiele ASCII-Zeichen. Jeder Einzelblock bestand aus zwei eckigen Klammern. Trotz der einfachen Optik und der simplen Mechanik stellte Paschitnow fest, dass er mit dem Spielen einfach nicht aufhören konnte. Als er das Spiel anderen zeigte, sprang das *Tetris*-Fieber über. Der 16-jährige Ferienjobber in Paschitnows Abteilung bot ihm an, eine Version mit echter bunter Grafik für den IBM-Computer zu programmieren. Damit war *Tetris* endgültig ein Dauerbrenner. »Es war wie ein Lauffeuer«, zitiert CNN.com Paschitnow, »auf jedem PC in der Sowjetunion lief *Tetris*.« Den Namen *Tetris* hatte Paschitnow aus »Tetraminos« und »Tennis« – seinem Lieblingssport – zusammengesetzt.

Tetris breitete sich sogar über die streng kontrollierten Ländergrenzen der sozialistischen Staatengemeinschaft hinweg aus. 1986 erhielt der *Tetris*-Erfinder ein Telex aus Ungarn: Der englisch-ungarische Geschäftsmann Robert Stein wollte das Puzzle-Game im Westen vermarkten. Paschitnow versuchte in seiner Antwort auf Englisch auszudrücken, dass er dazu bereit wäre und man sich gewiss einig werden könne. Denn eines wusste Paschitnow auch: Wenn er Geschäfte mit dem Westen machte, ohne sich abzusichern, konnte er im Gefängnis landen. Dummerweise verstand Stein die Antwort anders und verkaufte die Rechte an zwei Softwarefirmen weiter. Aber dann erhielt er ein Telex von der Electronorgtechnica (kurz ELORG), der russischen Staatsfirma für Software. Die Rechte seien nicht vergeben worden. Stein reiste sofort nach Moskau, aber die sowjetischen Rechteinhaber waren misstrauisch. Es kam zu keinem Vertrag, Stein reiste wieder ab.

Dummerweise war *Tetris* mittlerweile in England und Nordamerika zu einem großen kommerziellen Erfolg geworden.

DA MUSS ICH ERST DRÜBER NACHDENKEN: PUZZLE GAMES

Puzzlespiele wie *Tetris* drehen sich um Rätsel, um Mustererkennung, Logik oder das Verstehen von Abläufen. Auch wenn viele Videogames solche Elemente haben, geht es bei Puzzlespielen immer nur um das Lösen solcher Aufgaben. Das englische Wort *puzzle* bedeutet hier mehr als nur ein Zusammensetzen von Bildschnipseln, es umfasst alle Formen von Geduld- oder Knobelspielen. Manchmal müssen abstrakte Formen in unterschiedlichen Farben miteinander kombiniert werden wie bei *Tetris* oder *Candy Crush*. Beim Logikspiel *Minesweeper* muss man anhand von Zahlenangaben auf aufgedeckten Feldern kombinieren, unter welchen Feldern Minen sind. Puzzlespiele haben meistens keine Story und sind auch bei Leuten beliebt, die Computerspiele für Kinderkram halten.

VERWIRRUNG UM LIZENZEN: DAS GROSSE TETRIS-PUZZLE

Stein informierte schließlich die ELORG über den Erfolg von *Tetris*, und die Verhandlungen begannen erneut. Schließlich erhielt er die Rechte für die PC-Version, versprach seinen

Geschäftspartnern im Westen aber auch, bald die Rechte für Konsolen und Arcade-Maschinen im Sack zu haben. Dieses Versprechen führte dazu, dass Atari und Sega mit der Produktion von *Tetris*-Spielen begannen. Die Unstimmigkeiten über die vergebenen Rechte fielen natürlich auch anderen auf. Und so saßen schon bald drei Männer aus dem Westen in den Räumlichkeiten der ELORG und boten auf die Rechte an *Tetris*: Robert Stein, der Niederländer Henk Rogers im Auftrag von Nintendo sowie Kevin Maxwell, Juniorchef der Maxwell Corporation. Keiner der drei wusste von den anderen und ELORG-Vertreter Nikolai Belikow sorgte dafür, dass es so blieb. Termine gab es nur einzeln bei ihm. Als Rogers an der Reihe war, sollte er vor allem für den kommenden Gameboy (dazu später mehr) die *Tetris*-Rechte sichern und erhielt dafür auch die Zusage der ELORG. Dann zeigte er Belikow ein *Tetris*-Modul von Nintendo, um einmal vorzuführen, wie das Spiel denn so in Japan ankam. Belikow war irritiert – mit Nintendo gab es keinen Vertrag für Konsolen. Die Rechte habe Nintendo von Tengen erhalten, so Rogers. Aber mit einer Firma namens Tengen gab es auch keinen Vertrag. Belikow schlug vor, dass Nintendo ein Angebot machen sollte …

Für Rogers erwies sich der Trip als Glücksfall. Er kontaktierte sofort Nintendo und sicherte der Firma so die Rechte an *Tetris* für eigene Konsolen. Stein blieben nur Versionen für PC und Arcade-Maschinen. Maxwell beharrte auf alten Absprachen. Sein Vater, der Medientycoon Robert Maxwell, versuchte noch, Verbindungen zum UdSSR-Staatschef Michail Gorbatschow zu nutzen. Doch die geballte Kaufkraft von Nintendo war das bessere Argument. Die japanische Spielefirma hatte damit einen weiteren Welthit im Sortiment.

GERMAN GAMES: WOLF UND HASE UND DER VEB POLYTECHNIK

1986 präsentierte der VEB Polytechnik und Präzisionsgerätewerk Karl-Marx-Stadt auf der Messe der Meister von Morgen in Leipzig etwas noch nie Dagewesenes: Die erste Arcade-Maschine der DDR. Der Poly-Play beherrschte mehrere Spiele, eine Runde kostete 50 Pfennig oder eine Wertmarke der DDR-Gewerkschaft FDGB. Rabatt war allerdings möglich, wenn man wusste, wie: Eine geschickt eingeworfene Ein-Pfennig-Münze nahm das System auch an. Der Poly-Play stand er vor allem in Ferienheimen, Jugendherbergen und Jugendklubs. Die Spiele waren zum Teil Rip-Offs erfolgreicher Westtitel. Bei *Hase und Wolf* zum Beispiel mampft sich die Spielfigur Hase durch ein Labyrinth voller Erbsen, Möhren und Birnen und muss sich vor den Wölfen in Acht nehmen.

Insgesamt stellte die VEB Polytechnik wohl an die 2000 Arcade-Maschinen her, mit der Wende 1989 brach die Nachfrage nach dem Poly-Play komplett ein. Dabei war der Poly-Play nicht die erste Spiele-Elektronik aus der DDR: Zwischen 1979 und 1981 produzierte der VEB Halbleiterwerk Frankfurt (Oder) die *Pong*-Konsole BSS 01 (Bildschirmspiel 01).

In der BRD war Mitte der 1980er derweil eine schwere Zeit für Arcade-Automaten angebrochen. Seit der Novellierung des Jugendschutzgesetzes war es verboten, sie für Jugendliche zugänglich aufzustellen.

CRASH IM SPIELELAND

Blicken wir noch einmal zurück: Anfang der 1980er begannen immer mehr Hersteller, den Markt für Heimkonsolen zu beackern. In den USA gab es allein 13 unterschiedliche Systeme, die untereinander nicht kompatibel waren. Wer zum Beispiel ein Fairchild Channel F System II besaß, konnte keine Games für die Tandyvision damit zocken. Jeder Anbieter versuchte, möglichst viele Konkurrenten vom Markt zu drängen, und brachte möglichst viele Spiele heraus. Bislang war der Bedarf kontinuierlich gestiegen, niemand rechnete mit einem Rückgang. Zudem hatten zahlreiche unabhängige Spielehersteller damit begonnen, Videogames für Atari-Konsolen zu veröffentlichen. Darunter waren Game-Profis wie Activision, das von ehemaligen Atari-Angestellten gegründet wurde. Aber auch einige Klitschen, die von Risikokapitalgebern unterstützt wurden und mit schnell (und schlecht) programmierten Games schnell Geld machen wollten. 1982 merkten dann viele Läden, dass sie einfach keinen Platz für so viele Konsolen und Spiele hatten, und reduzierten ihr Angebot. Dann sorgte die mangelnde Qualität der Trash-Games für eine Rückgabewelle, von der die Hersteller komplett überfordert waren. Die ersten reinen Spielehersteller, die für Atari Games produzierten, konnten das Geld nicht zurückzahlen und gingen pleite. Die Läden waren jetzt auf den Videogames sitzen geblieben und verramschten sie nun, was den Markt weiter destabilisierte. Im Dezember 1982 verschärfte ein Flop die Lage: *E.T. the Extra-Terrestrial* war zum Weihnachtsgeschäft erschienen. Der Programmierer Howard Scott Warshaw hatte damals zugesagt, das Spiel zum Spielberg-Film im Zeitraum von nur fünf Wochen zu schreiben. Unter dem Schnellschuss litt die Qualität, das offizielle Atari-

Spiel hatte ein grottiges Gameplay. Trotzdem produzierte Atari fünf Millionen Module. Aber schon bald brachten unzufriedene Eltern, denen *E.T.* Weihnachten ruiniert hatte, das Spiel massenweise zurück. Bei Atari stapelten sich die Retouren und 1983 ließ die Firma tatsächlich Tausende Exemplare in einer Mülldeponie in Nevada vergraben. Im Dokumentarfilm *Atari: Game Over* ist zu sehen, wie 2014 ein Archäologie-Team eine Grabung in der Wüste unternahm und einige Module ans Tageslicht beförderte.

1983 brach dann der Markt vor allem in Nordamerika stark ein. Allein Atari hatte bis zum Jahresende 536 Millionen Dollar verloren. Der gesamte Umsatz in der Games-Branche sank von mehreren Milliarden Dollar im Jahr auf 100 Millionen. Viele Firmen meldeten Konkurs an und unzählige angekündigte Spiele erschienen nie. Atari erholte sich davon nicht mehr und wurde 1984 aufgespalten, andere Unternehmen wie Magnavox schlossen ihre Videogame-Abteilungen. Die *New York Times* schrieb 1983 über die einstigen Marktstürmer: »Ihre Unternehmensvisionen erwiesen sich ebenso imaginär wie die Fantasiewelten auf den Spiele-Bildschirmen.« Hinter den Zeilen konnte man durchaus ein bisschen Schadenfreude darüber herauslesen, dass dieses seltsame neue Medium erst einmal einen Dämpfer erlitten hatte.

HEIMCOMPUTER STATT HEIMKONSOLE

Für die Erschütterung des Marktes gab es auch noch einen weiteren Grund. So war wohl nicht nur der starke Konkurrenzkampf der Konsolenhersteller untereinander verantwortlich, sondern auch die Konkurrenz durch den Heimcomputer. Zum einen waren Personal Computer für viele Menschen erschwinglich geworden. Zum anderen war gerade für Eltern der Anreiz höher, einen Computer zu kaufen als eine Konsole. Die Konsole war schließlich ein reines Spielgerät, der Heimcomputer konnte – zumindest theoretisch – auch für Hausaufgaben benutzt werden. Aber auch für Gamer hatte der Heimcomputer seine Reize: Sound und Grafik waren mittlerweile besser geworden, die Spiele preislich einigermaßen günstig und das Kopieren der Spiele war sehr einfach.

Für die Game-Arcades begann 1982 auch ein langsamer Abstieg: Die Konkurrenz durch Heimkonsolen, der Mangel an neuen Spielen und zunehmende Berichterstattung über straffällige Jugendliche im Umfeld der Arcades sorgten für einen Rückgang der Besuche. 1983 schlossen 1500 von mittlerweile 10 000 Spielarkaden.

In Japan und Europa fand der Crash kaum statt. In Europa waren Computer stärker verbreitet als Konsolen und in Japan kaufte man vor allem japanische Konsolen, deren Hersteller sich im Gegensatz zu den USA einen deutlich weniger aggressiven Konkurrenzkampf lieferten. Trotz Crash erholte sich Ende des Jahrzehnts der Konsolenmarkt wieder. Dabei half vor allem ein freundlicher italienischer Klempner mit Schnauzer und Plauze.

IT'S A ME!

Klempner mit Schnauzbart sucht Prinzessin – für manche klingt das ein bisschen wie der Plot eines typischen 1980er-Jahre-Films für Erwachsene. Dabei ist Mario vollkommen jugendfrei und beliebt bei allen Altersgruppen. In *Super Mario Bros.* von 1985 hüpft er durch zahlreiche Level, um Prinzessin Toadstool (übersetzt »Fliegenpilz«, in Japan *Pīchi-hime*, also Prinzessin Pfirsich, genannt) zu befreien. Das war die Geburtsstunde des Genres »Jump 'n' Run« und des *Super Mario*-Spieleuniversums. Mario war damals schon ein alter Bekannter für die Games-Gemeinde: Bereits 1981 tauchte er zum ersten Mal im Arcade-Spiel *Donkey Kong* auf. Ursprünglich sollte Mario Mr Video heißen, dann Jumpman – bis er schließlich zu Ehren des Nintendo-Vermieters Mario Segale umgetauft wurde. 1983 trat Mario mit seinem Bruder Luigi in *Mario Bros.* auf, aber das Game ging schnell unter. *Super Mario Bros.* dagegen war ein Gamechanger.

Denn Marios Welt war groß und komplex. Der kleine Pixelmann sprang und rannte immer weiter durch das nach rechts scrollende Level, sein »Spielraum« schien unermesslich groß. Und der Scrollvorgang sah so flüssig aus, dass die Illusion einer unendlichen Welt geschaffen wurde. Die zahlreichen versteckten Geheimnisse und Schätze sorgten für immer wieder neue Überraschungen. Dazu kam der vielseitige Soundtrack des Komponisten Kōji Kondō, der bereits bei der Konzeption des Games die Musik geschrieben hatte. Alle diese Zutaten machten *Super Mario Bros.* zum globalen Hit. So betitelt die *Happy Computer* 1987 ihren Review mit: »Mario und Luigi sind die Stars in einem der fesselndsten Videospiele aller Zeiten.«

AUF DEM SPRUNG: JUMP 'N' RUN

Das Genre Jump 'n' Run ist definiert durch die laufende und springende Fortbewegung der Spielfigur, die meistens in einer 2-D-Umgebung stattfindet. Seit *Super Mario Bros.* sind die meisten »Jump 'n' Run«-Spiele Side-Scroller. Das bedeutet, dass man das Spielgeschehen von der Seite sieht und die Bewegung der Spielfigur dynamisch den Screen bewegt. Gefragt beim Spielen sind Geschicklichkeit und

Timing. Im englischen Sprachraum sind die Bezeichnungen *platformer* oder *platform game* geläufiger, da man oft von einer Plattform zur nächsten hüpft.

NOCH EIN PRINZESSINNENRETTER

Neben Mario gibt es noch eine weitere Nintendo-Figur, deren Weltkarriere 1986 startete, und auch sie sieht keineswegs aus wie ein großer starker Held: Link, die Spielfigur aus *The Legend of Zelda*, ist ein kleiner Junge mit spitzen Ohren. Auch er will eine Prinzessin retten – Zelda ist ihr Name – und begibt sich auf seine Reise. Aber im Gegensatz zu Marios Trip verläuft Links Reise nicht geradlinig von links nach rechts. In *The Legend of Zelda* geht es nach Belieben durch die Oberwelt. Link findet immer wieder Eingänge zu Dungeons, in denen sich Teile des legendären Artefakts Triforce befinden. Und sobald Link alle acht Teile zusammenhat, kann er den finalen Dungeon betreten, den Bösewicht Ganon besiegen und Zelda befreien. Dank einer Batterie in der Kassette lässt sich Links Fortschritt sogar speichern – ein Novum.

Durch die Verbindung von Rollenspielelementen mit Action schaffte Nintendo ein neues Genre: Das Action-RPG. Der Gamer muss eine Welt erkunden und Rätsel lösen, gleichzeitig muss er aber auch gute Reflexe und eine angemessene Hand-Auge-Koordination beweisen.

Mit seinen beiden Helden Link und Mario schafft es Nintendo schließlich, Game-Geschichte zu schreiben – und Nachahmer auf den Plan zu rufen.

GERMAN GAMES: THE GREAT GIANA SISTERS

1987 veröffentlicht das deutsche Unternehmen Rainbow Arts ein »Jump 'n' Run«-Spiel, das einige Ähnlichkeiten zu *Super Mario Bros.* aufweist: *The Great Giana Sisters.* Heldin des Spiels ist die kleine Giana – ursprünglich Gianna, aber dann ist beim Druck der Box ein »n« verloren gegangen. Sie muss durch 32 Level hüpfen und erwacht am Ende aus einem Traum. Das Gameplay und das erste Level waren sehr nah dran an *Super Mario Bros.*, und als dann noch der britische Verleih den Slogan »Move over brothers, here come the Giana Sisters!« raushaute, sah Nintendo wohl eine Linie überschritten. Chris Hülsbeck, Komponist der Spielmusik, erinnerte sich 2015 in einem Interview mit *Digitalista* an einen Brief, den das Studio Rainbow Arts von Nintendo erhalten hatte: »Es gab keine Anklage in dem Sinne, aber die Warnung, das doch vom Markt zu nehmen.« Die Sisters verschwanden aus den Läden, das Spiel wurde ein rares Sammelobjekt. 2009 war der Konflikt Geschichte, die Fortsetzung *Giana Sisters DS* erschien exklusiv für den Nintendo DS unter Beteiligung des Originalprogrammierers.

LEVYS WETTE III: DIE NIEDERLAGE

1989 war es so weit: Der internationale Schachmeister David Levy trat gegen Deep Thought an. Levy hatte seine Wette von 1968, dass kein Schachprogramm gegen ihn bestehen konnte, 1978 um zehn Jahre verlängert. 1988 besiegte Deep Thought den Großmeister Bent Larsen, unterlag 1989 aber Schachweltmeister Garri Kasparow. Der Informatiker Feng-hsiung

Hsu hatte Deep Thought entwickelt und nach dem multidimensionalen Großrechner aus Douglas Adams' Romanreihe *Per Anhalter durch die Galaxis* benannt. Obwohl Levy zu dem Zeitpunkt schon seit knapp zehn Jahren keine professionellen Schachturniere mehr gespielt hatte, nahm er es mit Deep Thought auf. Das Ergebnis war eindeutig: Von vier Partien gewann der Computer alle. Deep Thought beendete damit Levys Wette und begründete eine Tradition: Kommende Schachprogramme orientierten sich an seinen Namen, hießen beispielsweise Deep Blue, Deep Fritz oder Deep Junior. 1997 siegte Deep Blue dann auch noch über Garri Kasparow. Als die Schachprogramme unschlagbar wurden, verlor Schach seine Bedeutung als Versuchsfeld für künstliche Intelligenz. Denn es setzte sich die Erkenntnis durch, dass das Spiel vor allem eine Sache der Übung und nicht unbedingt eine Frage der Intelligenz ist. 2015 erregte noch einmal ein Schachprogramm Aufsehen: Giraffe hatte sich innerhalb von 72 Stunden selbst Schachspielen beigebracht und simulierte intuitives Spiel. Das Projekt musste allerdings eingestellt werden, weil sein Erfinder Matthew Lai angefangen hatte, bei Google zu arbeiten, und nicht mehr ausschließen konnte, im Konzern erworbenes Wissen bei der Verbesserung seines Freizeitprojektes zu nutzen.

In den 1980ern machten sich derweil einfachere Schachprogramme auf den Heimrechnern breit. Zum Beispiel *Battle Chess* von 1988, das aus jedem Schlagen einer Figur einen animierten Minikampf in 3-D macht. Die immer gleichen Animationen der handelsüblichen und simpleren Programme waren allerdings irgendwann langweilig und die Spielstärke bot auch keine besonders große Herausforderung.

GAY GAMES

Link und Zelda, Mario und Peach, Pac-Man und Ms. Pac-Man: In der Welt der Games war die monogame Beziehung von Mann und Frau noch die Norm, auch wenn dieses Modell immer stärker infrage gestellt wurde. 1989 kam ein Hauch von Queerness in die digitale Welt. In diesem Jahr programmierte C. M. Ralph das Mystery Game *Caper in the Castro*, grob übersetzbar als »Kapriolen im Castro-Viertel«. Das Castro-Viertel war schon seit den frühen 1970ern der Lesben- und Schwulentreff von San Francisco. Hauptfigur von *Caper* ist die lesbische Detektivin Tracker McDyke (*dyke* ist ein Slangbegriff für »Lesbe«), die sich auf die Spur der verschwundenen Drag Queen Tessy LaFemme begibt. Das Game war kostenfrei, die queere Community tauschte es über Mailbox-Netzwerke untereinander. Die Programmiererin C. M. Ralph verlangte kein Geld für *Caper*, bat aber um Spenden für HIV-Wohltätigkeitsorganisationen. Über die Resonanz sagte sie im Interview mit dem Magazin *Paste*: »Zu der Zeit wurde es als ein ziemlich innovatives Spiel gesehen.« Noch 1989 schrieb Ralph eine »Hetero-Version« des Games unter dem Titel *Murder on Main Street*, die offiziell vermarktet wurde.

Bis es homosexuelle Charaktere in großen kommerziellen Videogames geben sollte, musste aber noch einige Zeit vergehen. 1998 konnte man in *Fallout 2* zum ersten Mal in einem großen Titel einen Charakter heiraten, der das gleiche Geschlecht wie die eigene Spielfigur hat. Heutzutage gehören nicht-heterosexuelle Optionen für Romanzen der Hauptfigur in den meisten Videogames, in denen Beziehungen eine Rolle spielen, zum Standard.

Und auch die ersten Transgender-Spielfiguren tauchten in den 1980ern auf. Im Beat 'em up *Final Fight* von 1989 gibt es die Gegnerin Poison. Angeblich wurde sie aus Jugendschutzgründen in der US-Version zu einer Transfrau gemacht, weil die US-amerikanischen Publisher kein Spiel veröffentlichen wollten, in dem ein Mann »echte« Frauen verprügelt. Aber schon im japanischen Original wird Poison als *nyūhāfu* (von *new half*), also als Transfrau bezeichnet. Später taucht sie auch in *Street Fighter*-Teilen auf, wobei manchmal auch ihre Geschlechteridentität erwähnt wird – und manchmal nicht. Ähnlich sieht es bei Birdo aus *Super Mario Bros. 2* aus. Laut dem ersten englischsprachigen Handbuch von 1988 ist Birdo ein Junge, »der glaubt, dass er ein Mädchen sei«. Bei späteren Veröffentlichungen wurde dieser Satz aber gestrichen. Die Thematisierung von Transgender-Personen war den Verantwortlichen wohl meist zu heikel. Das hat sich in den letzten 30 Jahren nur wenig geändert. In vielen großen Produktionen kommen gelegentlich Transgender-Charaktere vor, aber Hauptfiguren oder einfach nur spielbare Charaktere sind immer noch die Ausnahme.

GAMING TO GO

1989 verkaufte sich ein weiterer *Mario*-Titel immens gut: *Super Mario Land* spielte sich allerdings nicht auf einer Konsole, auch nicht auf einer Arcade-Maschine und erst recht nicht auf einem PC. Es war eines der ersten Games für den brandneuen Gameboy. Der war nicht die erste Handheld-Konsole der Gaming-Geschichte, aber die erfolgreichste. Schon 1976 war die Konsole Mattel Auto Race auf den Markt gekommen, bei der man aber nicht die Spiele wechseln konnte. Für die Microvision von 1979 gab es zwar mehrere

Spiele, aber der Name war Programm: Der Bildschirm war sehr, sehr klein. Beim Gameboy sah das alles schon besser aus. Zwar war der Bildschirm auch nur schwarz-weiß (oder eher dunkelgrün-hellgrün), aber mit zwei AA-Batterien lief das Gerät immerhin schon 20 Stunden lang. Das Einzige, was der Gameboy bei der Markteinführung noch brauchte, war eine Killer-App – also das Game, das den Boy ganz nach oben bringt. Womit wir wieder bei *Tetris* wären …

Henk Rogers, der für Nintendo die Rechte an *Tetris* geholt hatte, war ein wahrer *Tetris*-Advokat geworden. 2018 erinnerte er sich in einem Interview mit IGN Japan an sein damaliges Verkaufsargument, das er Minoru Arakawa, dem Gründer von Nintendo of America, gegenüber vorbrachte. Wenn er wolle, dass kleine Jungs den Gameboy kaufen, dann reiche es, *Super Mario* beizulegen. Wenn er allerdings wolle, dass alle den Gameboy kaufen, solle er *Tetris* dazunehmen. Arakawa sagte zu und das Ergebnis konnte sich sehen lassen: Bis 1997 wurden weltweit 64,42 Millionen Gameboys verkauft.

NEXT LEVEL LOADING ...

BIZARRE MONSTER

Zehn seltsame Kreaturen, die in Videogames ihr Unwesen treiben:

- **Betrachter/Beholder**
  Eine schwebende fleischige Kugel mit einem Maul voller Zähne, einem riesigen Auge und einem Dutzend Stielaugen: Der Beholder (auf Deutsch: der Betrachter) ist ein besonderer Anblick. Zum ersten Mal digital taucht die Kreatur im Videogame *Eye of the Beholder* (1991) auf. Fans

von *Dungeons & Dragons* kennen sie aber schon seit der ersten Auflage des gedruckten Rollenspiels.

- **Becher kochend heißer Kaffee**
  Ja, richtig gelesen: Einer der Gegnertypen in *EarthBound* (1996), japanischer Originaltitel *Mother 2*, ist der Scalding Coffee Cup. Heißer Tipp: Kälte-Angriffe benutzen, denn von Feuer kriegen die Tassen nur halben Schaden. Besiegt man den feurigen Henkelträger, bekommt man übrigens eine Tasse Kaffee als Loot.
- **Pokémon**
  Eine gelbe Elektromaus, ein blühender Saurier oder ein clownesker Pantomimen-Gnom: Die namensgebenden Kreaturen der Pokémon-Reihe (1996) sind allesamt bizarr. Am seltsamsten ist wahrscheinlich Clavion, ein Pokémon der sechsten Generation, das einfach nur aussieht wie ein verdutzt guckender Schlüsselanhänger.
- **Headcrabs**
  Ihren ersten Auftritt hatten die Headcrabs in *Half-Life* (1998). Die kleinen fiesen, augenlosen Vierbeiner springen Menschen auf den Kopf, verbeißen sich in das Gehirn und kontrollieren ihre in Zombies verwandelten Opfer anschließend. Besonders unangenehm sind Poison Headcrabs, die die Hit Points des Spielhelden Gordon auf 1 reduzieren.
- **Seaman**
  In *Seaman* (1999) zieht man eine absonderliche Kreatur auf der Sega Dreamcast auf, die sich von einem Fisch mit einem Tentakel und einem menschlichen Gesicht langsam zu einer Landkreatur entwickelt. Der etwas verstörende Seaman interagiert dabei über ein Mikrofon mit dem Spieler.

- **Hell Bovine/Höllenbullen**
Über *Diablo* kursierte ein Gerücht: Es soll ein geheimes Kuh-Level voller Hell Bovines/Höllenbullen geben. In *Diablo II* (2000) machte Entwickler Blizzard das Gerücht wahr. Das Kuh-Level konnte entdeckt und die Höllenbullen niedergemacht werden. Und ja, es sind aufrecht gehende Kühe, die Hellebarden schwingen.
- **Great Mighty Poo**
Als das Entwicklerstudio Rare die erste Version von *Conker's Bad Fur Day* (2001) testen ließ, waren die kritischen Reaktionen einhellig: nicht noch ein kindgerechtes Spiel für den Nintendo 64. Also überarbeitete Rare den Titel komplett und brachte ein Ab-16-Game voller schockierender Momente. Höhepunkt des schlechten Geschmacks: ein riesiger singender Haufen Scheiße.
- **Abomination/Monstrosität**
Diese Untoten aus *Warcraft III* (2002) sehen so aus, als ob Victor Frankenstein nicht nur einen sehr schlechten Tag beim Zusammensetzen seiner neuesten Kreatur gehabt hätte, sondern dabei noch dazu unter Drogeneinfluss gestanden hätte. Es sind Fleischberge aus zusammengenähten Leichenteilen, deren Eingeweide heraushängen. Laut offizieller Beschreibung riechen sie außerdem wie ein von Seuchen heimgesuchtes Schlachthaus.
- **Big Daddy**
Eine riesige Gestalt in einem altmodischen Taucheranzug, deren rechte Hand ein großer, fies aussehender Bohrer ist. Der Big Daddy, der durch die Art-déco-Unterwasserstadt Rapture in *BioShock* (2007) stapft, ist ein bemerkenswertes Monster. Dazu kommen noch die Little Sisters, gruselige kleine Mädchen und ständige Begleiter jedes Big Daddys.

- **Cthulhu**
  Ist Cthulhu ein Gott? Ein Alien? Ein gigantischer telepathischer Oktopus? Ein schleimiger Drache? Die Kreatur aus den Werken des US-amerikanischen Horror-Autors H. P. Lovecraft taucht spätestens seit *The Lurking Horror* (1987) immer wieder in Games auf, sei es bei *Alone in the Dark*, *Call of Cthulhu* oder bei *The Sinking City*.

LEVEL 3: DIE 1990ER

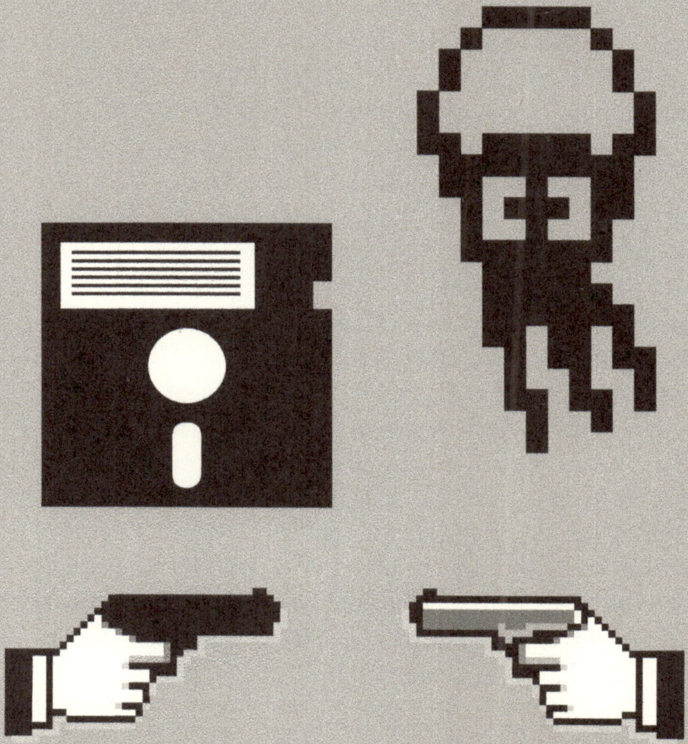

GAMING UNTER BESCHUSS

Mehr Speicher, mehr Party, mehr Internet, mehr Tauschen: Die 1990er-Jahre sind auch im Bereich der Videogames ein Jahrzehnt des ungehemmten Wachstums. In der medialen Berichterstattung dominieren Unverständnis und Kontroversen um Ego-Shooter und sogenannte Raubkopien.

ANGRIFF DER KONSOLENKRIEGER

1991 machte ein Igel Ärger: Sonic war schnell, blau und unangepasst. Die japanische Sega Corporation hatte ihn als Antwort auf den freundlichen Klempner Mario entworfen. Im Jump 'n' Run *Sonic the Hedgehog* von 1991 trat er in Überschallgeschwindigkeit gegen den bösen Wissenschaftler Dr. Robotnik an. Aber seine wirklichen Widersacher waren Link und Mario, denn das Nintendo Entertainment System (NES) dominierte den Markt – und Sega wollte die eigene Konsole Sega Mega Drive (in den USA Sega Genesis) pushen. Diese war seit 1990 auf dem Markt, konnte sich aber nicht gegen die Dominanz von Nintendo durchsetzen. Dabei war das Besondere an der Mega-Drive-Konsole die Technik. Bisher war die aktuellste Konsolengeneration mit 8-Bit-Prozessoren ausgestattet. Zum Vergleich: Ein Taschenrechner hat normalerweise eine 4-Bit-Architektur. Das Mega Drive dagegen hatte schon einen 16-Bit-Prozessor. Damit war es nicht die erste 16-Bit-Konsole – der TurboGrafx-16 kam ihm in Japan zuvor –, aber die erste international erfolgreiche. Die 16-Bit-Prozessoren konnten umfangreiche 2-D-Grafikfähigkeiten und rudimentäre 3-D-Darstellungen verarbeiten. Sega hatte sich zwar schon mit Sportspielen eine Nische geschaffen, aber um wirklich auf dem Markt zu bestehen, brauchte es ein

Zugpferd. Also entwickelten die Verantwortlichen die Spielfigur Sonic. Ihre Zielgruppe: Teenager und junge Erwachsene. Denn die Kinder waren ja schon alle Mario-Fans. Mit dem aufmüpfigen Igel schafften sie es sogar, den Zeitgeist der 1990er einzufangen. In seinem Buch *Console Wars* schreibt der Autor Blake J. Harris über Sonics verschiedene Facetten: »Kurt Cobains ›Whatever‹-Attitüde, Michael Jordans anmutige Arroganz und Bill Clintons Macher-Auftreten.« Und Sonic erwies sich als das perfekte Zugpferd: 1991 dominierte Nintendo zum ersten Mal seit sechs Jahren nicht den Heimkonsolenmarkt. Zwar erschien im gleichen Jahr auch Nintendos erste 16-Bit-Konsole, das Super Nintendo Entertainment System (SNES), und verkaufte sich gut – doch nun gab es auf einmal ernst zu nehmende Konkurrenz. Damit war die erste Schlacht des Konsolenkrieges geschlagen, mit einem Achtungserfolg für Sega.

Sonic war nicht das einzige Verkaufsargument für das Mega Drive. Sportspiele wie *John Madden Football* und härtere Games wie *Streets of Rage* sprachen die ältere Zielgruppe an. Und schließlich hatte Sega einen preislichen Vorteil: 149 US-Dollar für ein Mega Drive war deutlich günstiger als der SNES-Preis von 199 Dollar. Schon 1992 senkte Nintendo den Preis auf ebenfalls 149 Dollar. Sega zog nach und bot das Mega Drive für 129 Dollar an. In der Werbung ging Sega aggressiv vor und bezog sich explizit auf Nintendo: »Sega does what Nintendon't.« Bald flogen auch die Fäuste: Capcoms *Street Fighter II* war zuerst ein Arcade-Titel, die Konsolenversion des Kloppers konnte sich aber Nintendo für den SNES sichern. 1993 zog das nächste Prügelspiel die Aufmerksamkeit in den Arcades auf sich: Die Lizenz von *Mortal Kombat* ging sowohl an Sega als auch an Nintendo. Aber das extrem blutige Spielgeschehen mit heftigen Splatter-Grafiken passte nicht ganz zum familienfreundlichen Image von Nintendo. Also musste Publisher Acclaim für das SNES die heftigsten Gewaltakte entfernen. Aus roten Blutspritzern bei jedem Treffer wurden graue Schweißtropfen, aus blutigen Fatalitys wurden ein paar Tiefschläge, nach denen Besiegte umkippten. Die Sega-Version von *Mortal Kombat* war zwar ebenfalls verharmlost worden, aber es war ein offenes Geheimnis, dass es einen Code für die Freischaltung der blutigen Version gab. Mit der Eingabe ABACABB war der Combat so mortal, dass es wehtat.

16 BITS AND VIOLENCE

So wurden die Stimmen in der Politik immer lauter, denen die virtuelle Gewalt in vermeintlichen Kinderspielen suspekt war. 1993 wurden Nintendo und Sega zu einer Anhörung vor dem US-Kongress eingeladen. Auch hier ging der Konkurrenzkampf weiter. Als Sega erklärte, dass sich einige gewalthaltige Spiele explizit an Erwachsene richteten, widersprach der Nintendo-of-America-Vizepräsident Howard C. Lincoln vehement: Die Zielgruppe der Industrie bestehe immer noch vorrangig aus Kindern. Der Sega-Repräsentant William White zeigte den Senatsmitgliedern gewalthaltige Nintendo-Spiele ohne Altershinweise und wies darauf hin, dass Sega dagegen sehr verantwortungsbewusst auf eigene Spiele Altersempfehlungen druckte. Darauf angesprochen, dass das Game *Lethal Enforcers* mit Controllern in der Form von Revolvern nicht in Kinderhände gehörte, wies White darauf hin, dass der Nintendo-Controller Super Scope aussah wie eine Bazooka. Die gegenseitigen Anschuldigungen überzeugten die Senatoren vor Ort nicht. Sie forderten eine verbindliche, einheitliche Einstufung aller Spiele nach Alterskriterien. Sonst werde die Politik eingreifen müssen. Und tatsächlich setzten sich Sega, Nintendo, weitere Publisher und Spielzeugketten zusammen, um gemeinsam an einer Einstufung zu arbeiten. Sega bot an, das hauseigene Videogame Rating Council zu nutzen, aber das war ein No-Go für Nintendo. Dennoch: Bis zur zweiten Senatsanhörung 1994 hatte man sich tatsächlich geeinigt und den Entertainment Software Rating Board (ESRB) gegründet.

Ratings der ESRB:

EC (early Childhood)	frühe Kindheit, ab 3 Jahren geeignet (2018 wegen zu seltener Nutzung abgeschafft)
E (Everyone)	ab 6 Jahren
E10+ (Everyone 10+)	ab 10 Jahren
T (Teen)	ab 13 Jahren
M (Mature)	ab 17 Jahren
AO (Adults Only)	ab 18 Jahren
RP (Rating Pending)	Bewertung ausstehend, noch keine Altersempfehlung beschlossen

VON FSK ZU USK

Ebenfalls 1994 gründete sich in Deutschland die Unterhaltungssoftware Selbstkontrolle (USK). Jahrelang war vorher gestritten worden, ob die FSK (Freiwillige Selbstkontrolle der Filmwirtschaft) wirklich das richtige Gremium für das neue Medium Spiel war. Für die Spieleindustrie bedeutete ein eigenes Kontrollgremium auch einen verbesserten Ruf. 1994 war die Prüfung durch die USK noch freiwillig, seit 2003 ist sie gesetzlich vorgeschrieben.

Altersfreigaben der USK:

- USK 0
- USK 6
- USK 12
- USK 16
- USK 18

EINIGEN WIR UNS AUF UNENTSCHIEDEN

Auch die Zusammenarbeit in Sachen ESRB beendete den Konsolenkrieg nicht. Nach einem Umsatzeinbruch von fast 20 Prozent in den Jahren 1994 und 1995 auf dem Videogame-Markt brachte Sega die nächste Konsole auf den Markt, den Sega Saturn. Zwar kam Sega damit Nintendos 64 zuvor, aber keine der beiden Firmen hatte mit einem dritten Mitbewerber gerechnet: 1995 brachte Sony die PlayStation (PS) in den Handel. Sony unterbot Sega beim Preis – 299 Dollar für die PS gegen 399 Dollar für den Saturn – und überholte Nintendo in der Technik. Zwar hatte der N64 einen 64-Bit-Prozessor, wogegen die PS nur mit 32-Bit aufwarten konnte, aber die PS verfügte bereits über ein CD-Laufwerk. Das optische Speichermedium CD ermöglichte weitaus mehr Informationen und somit eindrucksvollere Games. Der Konsolenkrieg war mit einem »unentschieden« beendet.

ANDERE KONSOLENKRIEGE

Die Konkurrenz zwischen Sega und Nintendo war nicht der einzige Konflikt, der als Konsolenkrieg bezeichnet wird. Manchmal wird dieses Etikett auch für den Wettstreit zwischen Microsoft und Sony, der 2001 mit dem

Release der Xbox begann, genutzt. Und einen parallelen mobilen Konsolenkrieg mit drei Parteien gab es in den 1990ern ebenfalls. Zwischen Nintendo (Gameboy), Sega (Game Gear) und Atari (Lynx). Klarer Gewinner: der Gameboy.

GAME BOY, NOT GAME GIRL

Im aggressiven Marketing des Konsolenkriegs spitzten die Videogame-Publisher ihre Zielgruppe zu. Vor den 1990ern war eher nicht klar, welche Teile der Bevölkerung die leidenschaftlichsten Gamer waren. Also investierte Nintendo massiv in Marktforschung und stellte fest, dass der größere Teil der Gamer männlich war. Der Konzern änderte Marketing und Werbung. Die Mitbewerber folgten. Die männlich dominierte Werbung änderte auch das Bild von Games in der Öffentlichkeit. Doch auch schon vorher war die Branche männlich dominiert gewesen. Der Grund dafür: Die meisten studierten Computerfachleute waren Männer. Die Game-Designerin Brenda Laurel arbeitete bereits in den 1980ern für Atari. In einem Interview mit der Gaming-Website Polygon erinnert sie sich an ihr vorwiegend männlich geprägtes Arbeitsumfeld: »Es hieß immer: ›Oh, natürlich spielen Mädchen keine Games.‹« Dieses Bild von Games als einem Hobby für Jungen und Männer verfestigte sich in den 1990ern und hielt bis in die folgende Dekade an.

EIN MINENFELD

Drei Spiele dominierten die 1990er total. Drei Spiele, an denen niemand vorbeikam. Drei Spiele, die bis heute zu den beliebtesten Games aller Zeiten gehören: *Solitaire*, *Minesweeper* und *Hearts*. Dieses unangefochtene Triumvirat fand sich ab 1992 auf jedem Windows-Computer. Ursprünglich sollten die Spielchen Büromenschen mit wenig digitaler Erfahrung Windows beibringen. *Solitaire* demonstrierte das Prinzip Drag-and-Drop, *Minesweeper* trainierte Rechts- und Linksklick, *Hearts* zeigte die Netzwerkfähigkeiten des Systems. Aber natürlich blieb es nie bei ein paar Spielen zum Windows-Lernen. Gerade *Solitaire* und *Minesweeper* erwiesen sich als süchtig machende Arbeitszeitvernichter. Bill Gates selbst deinstallierte *Minesweeper* von seinem Rechner – nur um die Rechner seiner Angestellten für ein paar Partien zu highjacken. Das Grundprinzip des einfachen Logikspiels ist schnell erklärt: Man klickt auf eines von vielen Kästchen in einem Raster und erhält eines von drei Ergebnissen: Entweder ist das Feld frei oder es enthält eine Mine – dann ist das Game over – oder eine Nummer erscheint, die anzeigt, wie viele Minen sich in den angrenzenden Feldern befinden. Wenn man ein paar Felder freigelegt hat, kann man durch schlaues Kombinieren ganz gut einschätzen, wo die Minen liegen. Nach und nach markiert man die mutmaßlichen Minen mit Rechtsklick und räumt so das ganze Feld. Die Größe des Feldes variiert dabei je nach Schwierigkeitsgrad und erwünschter Spieldauer. Aber das Minenthema war durchaus nicht umstritten: Nach Protesten wegen der Gamifizierung von Landminen bot Microsoft eine Blumen-Variante an.

Hearts dagegen war vor allem beliebt, weil es die Bürogemeinschaft auf menschlicher Ebene zusammenführte. Denn gegen den Computer machte die Umsetzung eines einfachen Kartenspiels nicht annähernd so viel Spaß wie gegen ein bis drei andere Menschen. Und *Hearts* trennte die Spreu vom

Weizen. Wer während der Arbeitszeit solo zockte, hatte Mumm. Aber wer während der Arbeitszeit *Hearts*-Turniere veranstaltete, zeigte wahre Tapferkeit.

ZEITVERTREIB BEIM ZEITVERTREIB: MINIGAMES

Minesweeper und *Solitaire* sind typische kleine Casual Games, die sich auch als Minigames in größeren Titeln wiederfinden. So kann man zum Beispiel in *Grand Theft Auto: San Andreas* Billard oder Basketball spielen, anstatt Gangstermissionen zu erledigen. *The Legend of Zelda* enthält einige Rätsel, die man lösen kann, um Gesundheit, Geld oder Ausrüstung für die Spielfigur Link zu erlangen. Gerade in Open-World-Games gibt es oft viele kleine Minigames. Manche Minigames wie das Kartenspiel *Gwent* aus *The Witcher 3* sind so beliebt, dass sie als separate Spiele veröffentlicht werden. Es gibt Partygames wie *Bishi Bashi*, die komplett aus Sammlungen unterschiedlicher Minigames bestehen.

SOLO IM BÜRO

Solitaire dagegen ist einfach die Digitalversion des guten alten Kartenspiels für eine Person, das es schon seit Jahrhunderten gab. Der Microsoft-Praktikant Wes Cherry programmierte es 1988, inspiriert von einer Apple-Version. Cherrys Partnerin Leslie Kooy designte die Rückseiten der Karten. *Solitaire* blieb einige Monate in der Softwarebibliothek von Microsoft liegen, bis es als Ersatz für das eher langweilige Game *Reversi* in Windows 3.0 implementiert wurde. Cherry, der da schon sein Praktikum abgeschlossen hatte, wurde gefragt, ob er nicht die Bugs fixen könnte. Er würde auch einen neuen Computer dafür erhalten. Der Student sagte zu und machte sich an die Arbeit. Bald hieß es, *Solitaire* würde Menschen von der Büroarbeit abhalten. Richtig belegen konnte das niemand, aber einige Firmen wie Boeing ließen *Solitaire* standardmäßig deinstallieren. Cherry selbst sagte einmal in einem Interview mit *B3ta*, sein *Solitaire* sei verantwortlich für die globale Rezession von 1991/92. Wobei wohl eher die japanische Wirtschaftskrise und die Folgen des Börsenzusammenbruchs von 1987 schuld waren. Aber wahrscheinlich war Cherry einfach auch etwas frustriert, weil er bis auf den Computer keine Entlohnung für eines der meistverbreiteten Videogames überhaupt erhalten hat.

Dabei ließ Microsoft den genialsten Teil von Cherrys *Solitaire* weg: die Boss-Taste, die das Spiel mit einem Tastendruck vom Bildschirm versteckte. Die hätte sicher Edward Greenwood geholfen, der 2006 von seinem Chef, dem New Yorker Bürgermeister Michael Bloomberg, beim *Solitaire*-Spielen erwischt und entlassen wurde. Wie viele Karrieren durch *Solitaire* ein ähnliches frühzeitiges Ende fanden, ist unklar.

Eigentlich hat das Solo-Kartenspiel doch nur einen kleinen Ausweg aus dem grauen Büroalltag ermöglicht. Aber leider eben auch schlafende Wachhunde in zahlreichen Managementetagen geweckt. Denn ein auf Effizienz getrimmtes Betriebssystem ausgerechnet mit einem simulierten Kartenspiel – in alten Tagen gern »des Teufels Gebetbuch« genannt – zu versehen, das konnte man schon als einen nahezu teuflischen Affront gegen das protestantische Arbeitsethos sehen.

Für andere wiederum war und bleibt *Solitaire* das einzige Game, das ihnen auf den Bildschirm kommt. Aber das liegt vielleicht auch daran, dass sie nie andere kennengelernt haben. Oder daran, dass ihnen ein Spiel reicht.

So erreichte Wes Cherry 2016 über Reddit die Danksagung einer Person mit Autismus, die täglich *Solitaire* spielt, weil es sie beruhigt und weil andere Games zu viele Sinneseindrücke erzeugen. Der Dank schließt mit: »Ich bin so froh, dass es existiert.«

GERMAN GAMES: DER PATRIZIER

1992 erblickt einer der ersten Vertreter eines typischen deutschen Genres das Licht der Welt: *Der Patrizier* von Ascon (später Ascaron). Die Handelssimulation spielt im Mittelalter und basiert auf genau recherchierten Fakten zum Leben in der Hanse. Die Computerspielpresse ist begeistert, so heißt es in der *Power Play*: »Man fühlt sich unversehens in ein Gemälde von Rembrandt versetzt.« Und auch wenn die Recherche des Autors da nicht so fundiert war – Rembrandt lebte 400 Jahre nach der Zeit, in der *Der Patrizier* spielt –, ist die Begeisterung typisch für viele Kritiken der Zeit. Historische Handelssimulationen aus der BRD wie *Kaiser* oder *Hanse* gab es schon länger, aber *Der Patrizier* begründete eine neue Generation dieses Spielgenres. 1993 folgte der erste Teil von *Die Siedler*, und 1998 erschien *Anno 1602. Patrizier* wurde nach vier Teilen 2011 auch als Onlinespiel veröffentlicht, aber schon 2012 wieder eingestellt.

FURCHT UND SCHRECKEN

Gegen dieses Gemetzel war *Mortal Kombat* eine Kindergartenrangelei: 1993 fand sich ein einsamer Marine in einer Forschungseinrichtung auf dem Marsmond Phobos wieder. Ein Experiment zum Reisen zwischen den Dimensionen war schiefgegangen und hatte ein Tor zur Hölle geöffnet. Dämonen und Zombies hatten die Einrichtung überrannt. Nur einer konnte sie aufhalten: der Marine. Mit Knarren, Kettensäge und Raketenwerfer stellte er sich im PC-Spiel *Doom* gegen die höllischen Heerscharen. »Wir wollten was Gruseliges machen und es wurde das brutalste Videospiel aller Zeiten«, so John Romero, einer der Designer von *Doom*, in der Netflix-Doku *High Score*.

Doom revolutionierte die Welt der Videogames. Und das auf mehreren Ebenen. Da war zum einen die Gewalt. Jeder gekillte Zombie oder Dämon blutete und starb auf drastische Weise. Als Inspiration dienten dem Designteam die Filme *Evil Dead II* (deutscher Titel: *Tanz der Teufel II – Jetzt wird noch mehr getanzt*) und *Aliens* sowie die tendenziell satanische Heavy-Metal-Ikonografie der Zeit. Was in den USA größtenteils hingenommen wurde, ging in Deutschland gar nicht. *Doom* landet 1994 auf dem Index. Argumente, dass die gegnerischen Kreaturen fiktive Monster seien, wurden von der BPjS nicht gewertet. Auch die aus heutiger Sicht sehr pixelige Grafik war für die Behörde kein mildernder Umstand. Erst 2011 wurde *Doom* auf Antrag des Publishers neu geprüft und als USK 16 eingestuft.

SATANISCHE PANIK

Doom war einer der ersten Höhepunkte der mutmaßlich ewigen Debatte, ob gewalthaltige Videogames – gerne »Killerspiele« genannt – Kinder zu gewalttätigen Psychopathen machen. In Deutschland wurde das Thema erst später in der breiten Öffentlichkeit diskutiert, in den USA wurde nach jedem Schulamoklauf vor der Wirkung von Shootern gewarnt – wohl auch, um von Waffenverboten abzulenken.

Und was *Doom* gerade in der US-amerikanischen Öffentlichkeit noch verwerflicher machte, waren die satanischen Anspielungen. Dass die Höllendämonen die Bösen in diesem Spiel sind, wurde zum Teil nicht erfasst, zum Teil wohl auch absichtlich falsch verstanden. Und seit den 1980ern schwappte eine Satanic Panic durch die USA, die satanistische Kreise für verschwundene Jugendliche, organisierten Kindesmissbrauch und den allgemeinen moralischen Verfall der Jugend verantwortlich machte. Dumm nur, dass diese heimliche satanistische Verschwörung gar nicht existierte.

DREIDIMENSIONALER HÖLLENRITT

Damit von Plasmagewehren und Raketenwerfern zerlegte Dämonen aber auch so richtig zur Geltung kamen, musste die Optik stimmen. Gab es bisher wirklich flüssiges Scrolling nur auf Konsolen und Arcade-Maschinen, bewegte sich das Bild bei PC-Games bisher immer nur ruckartig. Der Programmierer John Carmack hatte dieses Problem bereits 1990 mit einer Technik des *adaptive tile refresh* gelöst. Dabei ist –

sehr vereinfacht erklärt – im Bildspeicher ein etwas größeres Bild hinterlegt als das auf dem Schirm angezeigte. In diesem Bild kann man dann flüssig scrollen, während der Computer im Hintergrund das nächste Bild berechnet, das dann wieder flüssig durchgescrollt werden kann. Auf jeden Fall sorgte das verbesserte optische Ergebnis für den ersten Erfolg der beiden Johns Carmack und Romero: *Commander Keen.* Das Jump 'n' Run verkauft sich gut und die beiden gründen das Unternehmen id. Als Nächstes stellen sie fest, dass die Rechte am Titel *Castle Wolfenstein* frei waren, und auf der Basis des Games von 1981 erschufen sie den ersten modernen Shooter. Die labyrinthartigen Level von *Wolfenstein 3D* voller Nazi-Soldaten und SS-Männern bis zum Endgegner Hitler verkauften sich ebenfalls hervorragend. *Doom* war da nur die logische Weiterentwicklung.

Ein weiteres technisches Feature, das für *Doom* sprach, war der Mehrspielermodus. Wer keinen Bock auf Dämonen hatte, spielte einfach über Internet oder LAN gegen andere Leute. John Romero spricht in der der Netflix-Doku *High Score* über eine ganz besondere Herausforderung: »Menschen spielen anders als die KI. Sie ködern dich und verstecken sich.« Der Deathmatch-Modus von *Doom* war ein weiterer Schritt auf dem Weg zum E-Sport.

GANZ SCHÖN RÄTSELHAFT ...

Auch wenn alle Welt über *Doom* sprach, war ein ganz anderes Game das meistverkaufte PC-Spiel der 1990er-Jahre: Beim Rätselspiel *Myst* ging es nur um das Erkunden einer Insel und das Lösen von Rätseln – ganz ohne Zeitlimit, Kämpfe, Monster oder überhaupt Non-Player-Charakteren (NPCs). Man konnte nicht einmal sterben. Bis

2001 verkauften sich sechs Millionen Exemplare des Games, was *Myst* zum meistverkauften Computerspiel seiner Zeit machte.

DIE ERSTEN LEVEL SIND UMSONST

Marketingtechnisch hatte das Team von id aus *Commander Keen* gelernt. Da stand der erste Teil umsonst zum Download bereit – Teil 2 und 3 kosteten dann 30 Dollar. Ähnlich lief der Start von *Doom*. Die erste Episode *Knee-Deep in the Dead* war Shareware, konnte also umsonst heruntergeladen und kopiert werden. John Romero erzählte dazu in der Doku *High Score*, dass die ersten neun Level auf Dauer dann doch langweilig seien. Irgendwann wolle man auch den Rest der Geschichte.

Und wer die Vollversion kaufte, erhielt auch die Lizenz zum Basteln. *Doom* war offen für Modifikationen – wer eigene Level entwerfen, den Marine durch Batman oder die Dämonen durch Bananenmonster ersetzen wollte, konnte das tun. Unzählige Versionen entstanden in den Jahren nach der Veröffentlichung. Das Original-Game wurde ein Verkaufsschlager und erhielt die Fortsetzung *Doom II: Hell on Earth*, den horrorlastigeren Reboot *Doom 3* im Jahr 2004 und den dann wieder actionorientierten Relaunch *Doom* von 2016. Bis heute ist *Doom* einer der bekanntesten Videogame-Franchises, den es gibt. Über den Kinofilm von 2005 sollte man mit Doom-Fans aber besser nicht reden …

KLEMPNERGUCKEN IM KINO

Im Jahr 1993 begann Hollywood mit Videogame-Lizenzen zu experimentieren. Vielleicht hatte der Erfolg von *Tron* in den 1980ern die Aufmerksamkeit der Filmindustrie geweckt: Wenn schon ein Film über erfundene Videogames so gut ankam, wie gut musste sich dann ein Film mit einer richtigen Videogame-Lizenz verkaufen? Denn die Verwertungslogik von Hollywood orientiert sich in der Regel an der Bekanntheit von Stoffen. Ein brandneues Drehbuch ist ein größeres unternehmerisches Risiko als eine Romanverfilmung, bei der sich die Vorlage schon ein paar Millionen Mal verkauft hat. Und da *Super Mario Bros.* bis zum Ende der 1980er grob geschätzt 50 Millionen Einheiten abgesetzt hatte, konnte ein Film über die beiden springenden Klempnerbrüder ja nur ein Erfolg werden. 1993 war es dann endlich so weit, *Super Mario Bros.* kam in die Kinos – und floppte.

Im Vorfeld war alles schiefgegangen, was schiefgehen konnte: Das Drehbuch wurde teilweise mitten im Dreh umgeschrieben, der Film schwankte zwischen erwachsenem Action-Drama und kindgerechter Komödie, alle Beteiligten wurden zunehmend frustrierter, King-Koopa-Darsteller Dennis Hopper bezeichnete die Dreharbeiten als »Albtraum« und die Schauspieler der beiden Mario-Brüder, Bob Hoskins und John Leguizamo, begannen während der Dreharbeiten zu trinken. Hoskins antwortete 2011 in einem Interview auf jede der drei Fragen »Was war der schlimmste Job, den Sie je gemacht haben?«, »Was war Ihre größte Enttäuschung?« und »Wenn Sie Ihre Vergangenheit umschreiben könnten, was würden Sie ändern?« mit »*Super Mario Bros.*«. Das Einspielergebnis gab ihm recht: Mit knapp 18 Millionen US-Dollar war noch nicht einmal die Hälfte der Kosten von knapp 40 Millionen Dollar wieder reingekommen.

Immerhin war der *Super Mario*-Film von 1993 die erste Videogame-Verfilmung, richtig? Nein, nicht einmal das hat der Flop erreicht. Die Filmindustrie in Japan war fünf Jahre eher dran: 1988 kam *Mirai Ninja*, die Verfilmung eines Arcade-Games gleichen Namens, in die Kinos. Der Film, der auch als *Cyber Ninja*, *Warlord* und *Robo Ninja* vermarktet wurde, ist heute eher vergessen. Aber, so viel sei gesagt: Auch er ist keine Perle der Filmkunst. *Mirai Ninja* und *Super Mario Bros.* begründeten die jahrzehntelange Tradition, dass Videogame-Verfilmungen nichts taugen.

DETEKTIVGESCHICHTEN AUF DER SCHEIBE

Auch wenn die meisten Games wie *Doom* noch auf 3,5-Zoll-Diskette verbreitet wurden, leiteten die 1990er die Ära eines neuen Speichermediums ein. Die CD-ROM bot einfach mehr Platz für Daten. Erste Games auf CD wurden schon Ende der 1980er produziert, aber in den 1990ern entwickelte sich der flache Silberling zum neuen Standard. Eines der ersten multimedialen PC-Spiele auf CD-ROM war *Sherlock Holmes: Consulting Detective* von 1991, die Umsetzung eines analogen Gesellschaftsspiels.

LESEN ÜBER GAMES: VERBOTENE WERBUNG

1995 gab es den wohl ersten Skandal im deutschen Spielejournalismus. Der *Focus* titelte: »Eingeschwärzte Busen – Branche in Aufruhr: Computermagazine haben Ärger wegen Werbung für Porno-Software«. In einer Anzeige in der *Power*

Play hatte die Münchener Staatsanwaltschaft den Titel eines indizierten Erotikspiels entdeckt. Also musste die gesamte August-Auflage der *Power Play* eingestampft werden: 300 000 Hefte, ein Verlust von einer halben Million D-Mark. Die Aktion war anscheinend eine Offensive des verantwortlichen Staatsanwaltes Philipp Stoll, der im *Focus*-Artikel auch »Sittenwächter« genannt wurde: Noch im gleichen Jahr wurden Ausgaben von *PC Joker, Multimedia Joker* und *PC Direkt* beschlagnahmt. Als Folge verzichteten einige Hefte auf Anzeigen zu Sex-Software, andere wie die *PC Welt* wollten in Zukunft die Abbildungen weiblicher Brüste schwärzen.

Wie die Auflagenhöhe der *Power Play* zeigt: In den 1990ern boomte auch in Deutschland das Geschäft mit dem Spielejournalismus. Die *Power Play* hatte sich als ein Leitmedium etabliert und Standards gesetzt. Die Power-Wertung mit Punkten von 1 bis 100 fand sich in ähnlicher Form auch in anderen Magazinen. Dazu kam ein lockerer, manchmal humorvoller Tonfall – schließlich ging es hier vor allem um Spaß mit dem Computer. So gab es zu jeder Bewertung auch ein oder mehrere Fotos von Redakteuren, die freudig grinsten, den Daumen hoben oder entsetzt das Gesicht verzogen mit Sprechblasen wie »Super!«, »Gut!«, »Geht so«, »Na ja …« oder »Hilfe!«.

… UND DAZU NOCH JEDE MENGE SHAREWARE

Mit der *PC Games* nutzte 1992 das erste Magazin die Allgegenwärtigkeit von Shareware. Ab der ersten Ausgabe lag eine 3,5-Zoll-Diskette mit Demo-Versionen von Videogames bei, die 1995 durch eine CD ersetzt wurde. Ab 1998 gab es zwei CDs. Ein Jahr später erreichte die Zeitschrift ihre höchste Auflage von monatlich verkauften Exemplaren: 363 000. Und im wachsenden Zeitschriftenmarkt wurde bald mehr als nur Shareware vergeben: 1995 lag etwa jeder Ausgabe der *Bestseller Games* ein PC-Spiel in Komplettversion bei, zu dem es im Heft auch die Lösung gab.

Auch wenn Magazine wie die *Power Play* sowohl Konsolen-Games als auch PC-Spiele besprachen, spaltete sich die Spielezeitschriftenszene langsam in zwei Lager. Publikationen wie *PC Xtreme*, *PC Action* und *GameStar* berichteten über PC-Spiele. *Fun Generation*, *neXt Level*, *Das offizielle PlayStation Magazin*, *play PlayStation*, *PlayStation Zone*, *MAN!AC*, *Total!*, *64 Power*, *Gamers* und *N-Zone* richteten sich an die konsolenspielende Gemeinschaft, meistens noch unterteilt in Titel von Sony, Nintendo oder Sega. Ende der 1990er drängten dann die ganz großen Zeitschriftenverlage auf den Markt: Bauer mit der *Bravo Screenfun* für eine junge Zielgruppe und Springer mit der *Computer Bild Spiele*, die im ersten Jahr nur Spiele mit höchstens USK 16 besprach. Über die *Bravo Screenfun* schrieb der Videospieljournalist Simon Dick 2018 auf watson.ch: »Wie die *Bravo* war dieses Magazin irgendwie dämlich, und trotzdem hat man es gelesen.«

GIGABYTES IM FERNSEHEN

Als die Sendung *NBC GIGA* 1998 ihren Betrieb aufnahm, dachten viele noch an ein skurriles Internetexperiment. Ein fünf Stunden langes Sendefenster bei NBC Europe, in dem Leute aus diesem seltsamen »neuen« Internetz die Themen vorgeben konnten – das klang irgendwie suspekt. Doch anscheinend passte das Konzept gut in die Zeit und bald entstand auf der Internetseite zur Sendung eine der größten Online-Communitys Deutschlands. Mit regelmäßigen Berichten über Games war *GIGA* damit ein Pionier des Spielejournalismus im Fernsehen. Der Start des eigenen Gaming-Formats *GIGA\\GAMES* ab 2000 war dann ein weiterer Schritt in diese Richtung.

RAUBKOPIERER SIND VERBRECHER!

Ob es an der Flut von Shareware und Demo-Versionen lag oder daran, dass das Kopieren von Games auf dem eigenen PC fast schon zu einfach war: In den 1990ern kursierten von so gut wie jedem Spiel unzählige illegale Kopien. In dieser Dekade sind Menschen herangewachsen, die als Jugendliche für kein einziges PC-Spiel Geld bezahlten. Kopierte Games wurden meist auf dem Schulhof oder im Freundeskreis getauscht – das sogenannte Sneaker-Net. Denn man musste nur in die Sneakers schlüpfen und zum nächsten Kontakt in der Nachbarschaft rüberflitzen. Oft reichte es, eine Packung 3,5-Zoll-Disketten abzugeben, um ein paar Tage später ein Dutzend neue Spiele zu erhalten. »Die Computerabteilungen bei Quelle und Karstadt brauchten wir dabei höchstens als Copyshops«, erinnert sich der Kolumnist Q*Bert auf gamersglobal.de. Zwar versuchten die Publisher, immer effektivere Kopierschutzvorrichtungen zu entwickeln, aber ebenso schnell hatten die Cracker es raus, diese zu knacken.

Denn auch in diesem Jahrzehnt wuchs die Cracker-Szene stetig – und mit ihr die Zahl der Abmahnungen. Eine besondere Masche nutzte der Münchener Anwalt Günter Freiherr von Gravenreuth. Unter dem Namen »Tanja Nolte-Berndel« schrieb er – oder jemand aus seiner Kanzlei – Leute an, die schon einmal in Spielezeitschriften Inserate geschaltet hatten. In diesen Briefen hieß es stets, die arme Tanja würde so gerne spielen, habe aber kein Geld für Games. Antworteten die Angeschriebenen mit einer Liste von Videogames, die sie kopieren könnten, gab es eine Abmahnung. Meist in Höhe von rund 1500 D-Mark, dazu kamen dann auch noch Lizenzgebühren von 2500 D-Mark. Für die oft minderjährigen Cracker ein teurer Spaß.

DU MACHST EINE LAN-PARTY, WIE NETT VON DIR

Relativ gefahrlos war das Tauschen von Kopien dagegen auf LAN-Partys. Meist Jugendliche trafen sich privat, brachten ihre PCs mit und spielten über ein Local Area Network (LAN) miteinander. Schon 1987 konnte man mehrere Atari-Rechner zu einer Partie *MIDI Maze* zusammenschließen, aber so richtig startete das Phänomen erst in den 1990ern durch. Zunächst stellten die oft sehr unterschiedlichen PCs mit allen möglichen Prozessoren und Programmen die LAN-Gruppe vor ein grundlegendes Problem: Wie kriegen wir das alles vernetzt? Dabei erarbeiteten sich viele Gamer die Grundlagen von Soft- und Hardware selbst. Lief erst einmal alles, entstand schnell ein unvergleichliches Gemeinschaftsgefühl. Man zockte zunächst *Doom*, ab 1996 dann *Quake* und ab 1999 *Counter-Strike* gegeneinander, sprengte die Avatare der anderen in die Luft oder erledigte sie per Headshot. Das alles in einem fairen Wettkampf, nur Camper – also versteckt lauernde Spielfiguren – konnte niemand leiden. Dazu kamen noch literweise koffein- und zuckerhaltige Getränke und Lieferdienst-Pizzen im weitestgehend elternfreien Umfeld – ein unvergessliches Erlebnis der Jugendkultur der 1990er.

Aus den private LAN-Partys entwickelten sich immer größere Treffen mit erst Dutzenden, dann Hunderten und international bis zu 7000 Teilnehmenden. Diese großen

LAN-Treffen wurden ab der zweiten Hälfte des Jahrzehnts immer professioneller organisiert. Zudem fanden oft Turniere statt – ein weiterer Schritt in Richtung E-Sport. Bei vielen Spielen organisiert sich die zockende Community in Clans, die auf LAN-Partys – und später auch online – gegeneinander antreten. Um ein Rating der Clans untereinander möglich zu machen gründen sich bald erste E-Sport-Ligen wie Die Deutsche Clanliga oder die ClanBase.

Außer Softwaretauschen, Zocken und gemeinsam Abhängen gab es einen weiteren Grund, sich auf LAN-Partys zu begeben: um den eigenen Rechner zu präsentieren. Und zwar nicht, weil man sich die teuerste Hardware zusammengekauft hatte, sondern um das eigene Können beim Case Modding zu zeigen. Mit Case ist hier das Rechnergehäuse gemeint, Modding leitet sich von »modifizieren« ab. Das Ziel ist ein möglichst spektakulär aussehender Rechner. Klassische Mods sind durchsichtige Wände und LEDs im Inneren, kreativ angebrachte Kühlschläuche oder ein umfunktioniertes Gehäuse – zum Beispiel eine ehemalige Mikrowelle. Seit 2002 gibt es sogar die Deutsche Casemod Meisterschaft mit Kategorien wie 24h Live-Modding-Challenge oder Deutschlands Schönstes Beauty Case.

WIR WOLLEN STROM! WIR WOLLEN QUAKE!

Die größte deutsche LAN-Party der 1990er-Jahre war das Gamers Gathering mit 1600 Anwesenden 1999 in Duisburg. Für 45 D-Mark konnte man an diesem Wochenende im Dezember durchzocken. Allerdings waren vorher das Jugendamt und die Polizei an das Orga-Team herangetreten: Man wolle doch nicht etwa jugendgefährdende Spiele Jugendlichen zugänglich machen. Also strich die Orga

Quake, *Quake II* und *Half-Life* von der Spieleliste – und verbannte damit einige der beliebtesten LAN-Spiele. Das sorgte für einen ersten Unmut unter den Angereisten am Freitag. Als es dann auch noch zu Stromausfällen kam, die erst am Samstag behoben werden konnten, skandierte die aufgebrachte Menge: »Wir wollen Strom! Wir wollen *Quake*!«

SCHAUEN, HÖREN, SCHIESSEN

1996 veröffentlichte id mit *Quake* den nächsten großen Titel. Es war einer der ersten Ego-Shooter, der nicht nur eine echte 3-D-Umgebung, sondern auch Gegner und Gegenstände in 3-D abbildete. Die Monster aus *Doom* waren nämlich gar nicht dreidimensional, sondern Sprites – flache 2-D-Objekte, die nur von vorne gesehen aus flächig wirkten. Doch die Engine drehte die digitalen Pappkameraden immer so, dass das niemandem auffiel. In *Quake* – und auch schon im Shooter *Descent* von 1995 – bestand dagegen alles aus Polygonen. Das sind mehreckige digitale Objekte, aus denen sich alles Mögliche zusammensetzen lässt. Je besser die Rechenleistung, desto kleiner können die Polygone sein. Ein Wesen aus einem Dutzend Polygonen sieht dementsprechend eckiger und künstlicher aus als eines aus 100 000. Auch bei *Quake* handelt es sich um eine klassische Angriff-der-Monster-Story, bei der unheimliche Wesen aus einer anderen Dimension eine militärische Forschungsbasis überrennen.

Revolutionärer ist dagegen der Sound von *Quake*. Der stammt nämlich von niemand anderem als Trent Reznor und seiner Band Nine Inch Nails. In einer Besprechung bei GameSpot hieß es: Einfach gesagt, ist das der beste Soundtrack, der jemals für ein Computerspiel geschrieben wurde.« Vor allem machte die Kollaboration eines klar: Videogames waren nicht mehr nur reine Unterhaltung für Kinder oder erwachsene Kindsköpfe, sondern auf dem Weg zu einem ernst zu nehmenden Medium. Und dazu gehörte eben auch ein professionell gemachter Soundtrack. In den vergangenen Jahren wurden die Soundtracks erfolgreicher Games sogar immer öfter als Sammlerstück auf Vinyl neu aufgelegt. So auch der *Quake*-Soundtrack, der 2020 in edler Pressung erschien.

VIDEOGAMES IN CONCERT

Zum ersten Mal führten Symphonieorchester Videospielmusik im Japan der 1980er-Jahre auf. Bis diese Praxis andere Länder erreichte, sollte einige Zeit vergehen. 2003 spielte das tschechische National-Symphonieorchester Musik aus Spielen wie *Final Fantasy* und *The Legend of Zelda* zur Eröffnung der Games Convention in Leipzig. Seitdem gehören Games-Konzerte zum festen Repertoire der Klassikszene weltweit. Das erste große Event dieser Art war Joystick 2006 in Schweden mit einem Publikum von 17 000 Menschen. Einen Einfluss auf die Popmusik haben Game-Sounds schon länger: Bereits 1978 sampelte Yellow Magic Orchestra Soundbits von *Space Invaders*. Eigene Musikgenres wie Chiptune, Bitpop oder Nintendocore ahmen den Sound alter Spiele nach.

DOKTOR KÄFER UND DIE TASCHENMONSTER

Während man in den USA damit beschäftigt war, Monster aus anderen Dimensionen über den Haufen zu ballern, ging man in Japan ganz andere Wege. Der Spieleentwickler Satoshi Tajiri war in seiner Kindheit ein begeisterter Insektensammler – so begeistert, dass ihn die anderen Kinder »Doktor Käfer« nannten. Als er 1990 zwei Gameboys sah, die über ein Kabel miteinander verbunden waren, dachte er an Käfer, die durch das Kabel krabbelten. Vielleicht wäre das ja eine interessante Spielidee …

1996 war es so weit: Die Gameboy-Spiele *Pocket Monsters: Green* und *Pocket Monsters: Red* gingen in den Verkauf. In den Rollenspielen schlüpft man in die Rolle eines zehnjährigen Jungen, der alle Pokémon fangen und der beste Pokémon-Trainer der Welt werden will. Das Wort »Pokémon« ist dabei die Zusammenziehung der beiden japanischen Worte *poketto* und *monsutā*, also »Pocket Monsters« oder »Taschenmonster«. Spielziel war es, alle 151 Pokémon zu sammeln. Einige konnten gefangen werden, andere musste man aus gefangenen Versionen entwickeln. Mit einem Link-Kabel konnte man die gesammelten Pokémon untereinander tauschen. Beide Versionen unterschieden sich durch etwas unterschiedliche Pokémon-Listen. Um wirklich alle zu fangen, musste man also jemanden mit der anderen Farbe zum Tauschen finden.

Pokémon in Rot und Grün (und später auch Blau) wurde ein riesiger Erfolg für Nintendo, allein in Japan verkauften sich über acht Millionen Spiele. 1997 startete eine Zeichentrickserie im japanischen Fernsehen, 1998 feierte der erste Kinofilm Premiere. 2000 kam er unter dem Titel *Pokémon – Der Film: Mewtu gegen Mew* in deutsche Kinos.

Mittlerweile sind über 100 Spiele, mehrere Serien, 25 Kinofilme, zahlreiche Comicserien und Sammelkartenspiele erschienen. Das Elektro-Pokémon Pikachu ist mittlerweile nicht nur das Maskottchen des Pokémon-Universums, sondern auch auf japanischen Schnellzügen oder Flugzeugen der All Nippon Airways zu sehen.

NOCH MEHR NIEDLICHE VIECHER: TAMAGOTCHI

1997 sorgte ein elektronisches Spielzeug für Freude bei Kindern, ging aber Erwachsenen tierisch auf die Nerven. Das Tamagotchi lebte in einem kleinen eiförmigen Plastikgehäuse mit einem Mini-Display. Darauf war bei Spielstart zunächst ein Ei zu sehen. Daraus schlüpfte dann ein kleines Haustier aus 30 bis 40 Pixeln mit eigenen Bedürfnissen. Es musste regelmäßig gefüttert und beschäftigt werden – außerdem musste man die gelegentlich erscheinenden Kackhäufchen wegräumen. All seine Bedürfnisse kündigte das Tamagotchi mit Piepstönen an – manchmal sogar nachts. Und irgendwann starb es. Das tat dem Verkaufserfolg keinen Abbruch: 1997 verkaufte der japanische Spielzeugkonzern Bandai mehr als 40 Millionen Exemplare. Das schlimmste am Tamagotchi-Hype waren aber keineswegs nächtliche Fütterbefehle, sondern die penetrante moralische Panik in den Medien. Ständig erschienen Artikel mit suggestiven Fragestellungen wie: »Kinder spielen nicht mehr miteinander – sind Tamagotchis schuld?«, »Wie stark verrohen Kinder durch den Tod ihres Tamagotchis?«, »Verleiten Tamagotchis Kinder durch ständige Forderungen dazu, später einmal Helikoptereltern zu werden?«. Zum Glück war der Hype bald vorbei und die Medien konnten sich wieder über Ballerspiele aufregen.

Dies ist eine Spoiler-Warnung! Wenn Sie manchmal denken: »Och, ich habe dieses *Final Fantasy VII* von 1997 (oder das Remake von 2020) noch nicht gespielt, aber demnächst fange ich sicher einmal damit an«, dann sollten Sie den folgenden Abschnitt überspringen.

EIN GLOBALER TRAUERFALL

1997 erschütterte ein Mord die PlayStation-Gemeinde: Aerith, die Blumenverkäuferin aus Midgar, wurde vom fiesen Sephiroth getötet. Dabei war sie doch ein tragendes Mitglied der eigenen Party in *Final Fantasy VII*! Der überraschende Charaktertod von Aerith war nur einer von vielen Momenten, die *Final Fantasy VII* für eine ganze Generation von Konsolenkindern zu einem unvergesslichen Erlebnis machten. Drei sich ergänzende Elemente machten *Final Fantasy VII* so besonders: Die Welt war komplett in innovativer 3-D-Grafik gestaltet, der Komponist Nobuo Uematsu hatte den Soundtrack passend für jede Spielszene komponiert und die Story sowie Setting waren einzigartig. So entschied sich das Entwicklungsstudio Square (heute Square Enix) dafür, das reine Fantasy-Setting der Vorgängerteile zu verlassen und mit der vom Konzern Shinra beherrschten Stadt Midgar eine Cyberpunk-Metropole zu erschaffen. Der umweltvernichtende Konzern und die ihn bekämpfende Organisation Avalanche erinnerte zudem an damals wie heute aktuelle Debatten um Umweltzerstörung und Öko-Aktivismus. Der Widersacher Sephiroth blieb lange Zeit im Hintergrund, bis zur ersten Begegnung baute das Spiel ein diffuses Gefühl der Bedrohung um ihn auf. Dazu kam der erschütternde Tod von Aerith, der in das kollektive Gedächtnis der ersten PlayStation-Zockergeneration eingegangen ist.

Aber auch in der Gaming-Branche hinterließ *Final Fantasy VII* Spuren. So hatte Square die ersten sechs Teile der Reihe noch mit Nintendo produziert. Doch nachdem die Firma 1995 *Chrono Trigger* fertiggestellt hatte, schien den Verantwortlichen klar, dass die Zeit der zweidimensionalen Videogames vorbei war. Der nächste Titel musste in 3-D produziert werden. Allerdings fehlte auf dem SNES dafür der Speicherplatz. Auf so viele Steckmodule konnte man das Spiel gar nicht verteilen – die Spielenden müssten andauernd alles aus- und wieder einstecken. Dann diskutierten die Verantwortlichen als Option den 64DD – eine Art externes Laufwerk für Magnet-Discs. Die boten aber auch nur magere 64 MB. Und so wechselte Square von Nintendo zu Sony, wo *Final Fantasy VII* die Killer-App für die PlayStation wurde. Allein in Japan verkaufte sich das Game innerhalb von drei Tagen 2,3 Millionen Mal, in Nordamerika in den ersten drei Wochen immerhin eine halbe Million Mal.

MADE IN JAPAN: *ĀRU PĪ JĪ*

Final Fantasy VII gilt als das weltweite erfolgreichste JRPG – also Japanese Role Playing Game, japanisches Rollenspiel. Einfach definiert könnte damit ein RPG von einem japanischen Entwicklungsstudio gemeint sein. Aber in der Regel verbindet man mit dem Begriff »JRPG« optische Merkmale – wie etwa ein Stil, der an Mangas erinnert – und Gameplay-Elemente wie rundenbasierter Kampf, bei dem alle Figuren »abwarten« und dann ihre Aktion durchführen. Welche Elemente und Merkmale jeweils ausschlaggebend sind, unterscheidet sich von Person zu Person. Diskussionen, welche Spiele denn jetzt JRPGs und welche Spiele einfach nur RPGs aus Japan sind, führt zum Teil zu erbitterten Grabenkämpfen auf Reddit und Steam. Fragen Sie dort einfach, ob *Dark Souls* jetzt eine JRPG-Reihe ist oder nicht.

KÜNSTLERISCH WERTVOLL

Am 26. Oktober 1996 feierte ein ganz besonderer Film Premiere: *Diary of a Camper* war mit einer Laufzeit von einer Minute und 36 Sekunden eher kurz und kam zudem ohne jeden gesprochenen Text aus. Der Film war komplett im Spiel *Quake* erstellt worden und somit der erste Machinima. Die gängige Definition des Filmgenres Machinima ist, dass seine Werke mit einer Echtzeit-Computergrafik-Engine erstellt werden – also in den meisten Fällen mit einem Videogame. Im Gegensatz zu Playthroughs oder Speedruns geht es hier nie darum, im Gameplay zu bleiben, sondern darum, eine eigene Geschichte zu erzählen – meistens nach einem Drehbuch. Das von *Diary of a Camper* ist recht simpel: Zwei Mitglieder des *Quake*-Clans Rangers werden von einem Camper erschossen. Drei andere Ranger erschießen den Camper, der dann – Überraschung! – als John Romero identifiziert wird. Dieser Kurzfilm ist der erste von vielen, sehr vielen. In den folgenden Jahren drehen Filmbegeisterte nicht nur Videos in *Quake* und *Quake II*, sondern auch in *Portal*, *Halo*, *Second Life* und weiteren Games. 2000 schrieb der Filmkritiker Roger Ebert auf der News-Website ZDNet, dass diese Filme kein Schauspielensemble, Bühnenbilder, Kameraleute, Caterer, Best Boys oder Key Grips benötigen würden. Sie könnten von einer Person gemacht werden, die an einem Computer sitze. Das sei revolutionär.

Und zunächst sah es so aus, als ob sich dieses revolutionäre Genre etabliert. 2000 gründete sich das Netzwerk Machinima, Inc., das sich der Unterstützung neuer Kreativer widmet. 2002 eröffnete das erste Machinima-Festival am Rande der QuakeCon. Und mit der Zeit entdeckt der Mainstream die Machinima. Erste Musikvideos und die South-Park-Folge *Make Love, Not Warcraft* von 2006 sind zum Teil in der *World of Warcraft* gedreht worden. In der BBC-Serie *Time Commanders* spielten Mitwirkende historische Schlachten mit der Engine von *Rome: Total War* nach. Doch im Laufe der Jahre läuft der Trend aus, bevor er richtig angefangen hat. Das liegt zum Teil wohl auch an der unsicheren Rechtelage. Als Rechteinhaber von mit den Spielen erstellten Inhalten gelten in der Regel die Publisher. Aber Machinima ist nicht tot, noch immer entstehen neue Filme und Serien wie *Animal Crossing Noir* oder *Freeman's Mind 2*.

BOWSER IM BROWSER

Langsam entwickelte sich selbst in Deutschland das Internet zum Massenmedium – und zum Spielmedium. Mitte der 1990er entdeckte man, dass sich Browser wie der Netscape Navigator – bis zu Chrome und Firefox sollte es noch ein paar Jahre dauern – auch zum Spielen eigneten. 1995 ging mit dem in Hamburg entwickelten *SOL* das erste persistente Massive-Multiplayer-Browserspiel online. »Persistent« bedeutet in diesem Zusammenhang, dass der eigene Fortschritt gespeichert werden konnte. »Massive Multiplayer« bedeutet, dass Tausende gleichzeitig online spielen konnten. Bei *SOL* geht es darum, eine Zivilisation auf einem Planeten aufzubauen, die Raumfahrt zu entwickeln und mit anderen besiedelten Planeten zu interagieren. Das Spiel funktioniert vor allem über Text mit einigen grafischen Elementen. *SOL* war vom Echtzeit-Strategiespiel *Dune II – Kampf um Arrakis* inspiriert worden und inspirierte selbst zahlreiche weitere intergalaktische Browsergames, bei denen man den eigenen Planeten ausbauen und ins All vordringen konnte – etwa *Planetarion* oder *OGame*. In den folgenden Jahren wuchs das Angebot an Browsergames, wobei außer der Weltallstrategie das Genre der Fußballmanager mit Games wie *Hattrick*, *Anstoss Online* und *Comunio* eine wichtige Rolle spielte. Diese eigneten sich besonders für das rundenbasierte Spiel, das Browser und Internetleitungen in den späten 1990ern nicht überforderte. Recht beliebt waren auch Websites, auf denen man klassische Brett- und Kartenspiele online spielte. Im Jahr 1996 kaufte Microsoft eine solche Site, The Village, und nannte sie in Internet Gaming Zone um. Diese Form der Browsergames war allerdings nicht für das Spielen gegen andere Menschen, sondern als Solo-Zeitvertreib gedacht. Als ob Microsoft mit *Hearts* und *Minesweeper* nicht schon genug Arbeitszeit vernichtet hätte.

Wer tatsächlich Marios Erzfeind Bowser im Browser besiegen möchte, kann heute Websites finden, die alte NES-Titel emulieren. Nintendo hat sich bisher dazu allerdings noch nicht geäußert.

GERMAN GAMES: MOORHUHN (1999)

1999 ging die Angst vor einem Huhn durch die Vorstände und Aufsichtsräte deutscher Firmen. *Der Spiegel* erinnerte in seinem Rückblickartikel über das Jahr des Moorhuhns an Millionenverluste, die den Arbeitgebern bevorstehen würden, »wenn wöchentlich 300 000 Angestellte während der Arbeit nur 30 Minuten lang Hühner jagen«. 1999 verbreitete sich der einfache Shooter auf sämtlichen Rechnern des Landes. Das Spielprinzip war das einer einfachen Shooting Gallery: Aus einer schottischen Heidelandschaft flogen immer wieder Hühner in Cartoon-Optik auf, die man abballern musste. Das Game der Wattenscheider Firma Phenomedia war zuerst nur als Werbespiel für Johnnie Walker gedacht, hatte aber anscheinend genau den Gaming-Nerv der Zeit getroffen. Die Folgen waren unter anderem ein Moorhuhn-Song in den Charts, Zeichentrickfilme, Dutzende von Fortsetzungen und neue Moorhuhn-Games in jedem Jahr seit 1999.

NEXT LEVEL LOADING ...

WO KANN ICH DIESES SPIEL KAUFEN?

Zehn fiktive Videogames aus Büchern, Filmen, Serien, Gerüchten und … Videogames:

- ***Polybius***
  Arcade-Maschinen mit *Polybius* wurden angeblich 1981 in Portland aufgestellt, machten Menschen süchtig nach dem Spiel und lösten epileptische Anfälle, Krämpfe und Halluzinationen aus. Geheimnisvolle Männer in schwarzen Anzügen sollen die Automaten der Herstellerfirma Sinneslöschen beobachtet haben. Alle Recherchen weisen auf eine urbane Legende hin.
- ***Nur Du kannst die Menschheit retten***
  Im gleichnamigen Buch von Terry Pratchett (erschienen 1992) ist der zwölfjährige John Maxwell richtig gut im Videogame *Nur Du kannst die Menschheit retten* – bis sich

die gegnerischen Aliens ergeben und ihn um Hilfe bitten ... »Wenn nicht du, wer dann?«

- ***Giga-Gemetzel Teil III***
  In *Harry Potter und der Feuerkelch* von 2000 wird erwähnt, dass Harrys Cousin Dudley dieses Game auf seiner PlayStation spielt. Der Schönheitsfehler: Da der Feuerkelch 1994 spielt, kann ein britischer Junge eigentlich noch gar keine PlayStation haben. Harry über die PlayStation: »Das ist eine Art Computer, auf dem man spielen kann.«
- ***Pogo the Monkey***
  Ein springender Affe mit einer Bananenkanone: *Pogo the Monkey* klingt wie ein früher Arcade-Titel, ist aber ein fiktives Spiel aus *Grand Theft Auto III*. Publisher Rockstar Games hat dem Affen sogar eine eigene Website programmiert. »Hilf Pogo, aus dem bösen Forschungslabor zu fliehen!«
- ***Killman 4***
  In einer Episode der ARD-Vorabendserie *Großstadtrevier* von 2010 kommt das Ermittlungsteam einem Ganovenring auf die Spur, der das indizierte Game nach Deutschland schmuggelt. »Diese Dinger werden in ganz Hamburg vertickert, an Kinder!«
- ***OASIS***
  2011 erscheint das Buch *Ready Player One*, in dem Autor Ernest Cline das Game *OASIS* beschreibt. In einer heruntergekommenen Zukunft verbringen die meisten Menschen lieber ihre Zeit in der perfekten Realität der *OASIS* als in der analogen Welt, das Einzige, was real sei. »Die Leute müssen mehr Zeit in der Realität verbringen.«

- ***Fix-It Felix Jr.***
  Ralph ist der Gegner in diesem Game und hat eines Tages einfach keinen Bock mehr, immer der Böse zu sein. Im Animationsfilm *Ralph reichts* von 2012 zelebriert Disney die Ära der Arcade-Games. »Gamer sagen, wir sind ›retro‹. Heißt glaub ich wir sind alt, aber cool.«
- ***Nuttenkiller: Vatikanstadt***
  In der Episode *Übernachtungsparty* der Zeichentrickserie *Big Mouth* von 2017 spielen die jugendlichen Hauptfiguren dieses supergewalttätige Game, in dem man Prostituierte in Vatikanstadt ermordet. Der Publisher ist die Firma Cockstar. »Musste dem Typen bei GameStop meinen Schwanz zeigen, um es zu kriegen.«
- ***Black Mirror: Bandersnatch***
  Der Name dieser interaktiven Episode der britischen Fernsehserie *Black Mirror* stammt aus dem Gedicht »Jabberwocky« von Lewis Carroll – und ist gleichzeitig ein nie erschienenes britisches Game, an dem die Firma Imagine Software in den 1980ern gearbeitet hat. In der spielbaren Episode von 2018 gibt es auch eine Theorie über *Pac-Man*: »Das ganze Ding ist eine Metapher. Alles, was er kann, ist konsumieren.«
- ***Call to Wizardry***
  Wie *World of Warcraft*, nur komplett als VR-Game – *Call to Wizardry* ist eines der beliebtesten Games in der Zukunft von Matt Ruffs Roman *88 Namen*. In diesem Game weiß keiner, wer der andere ist – man könnte also einen *Dungeon Raid* mit Kim Jong-un durchziehen. »Ich bin ein Tank und spiele einen Kriegertroll namens Klotzkopf von Moria.«

LEVEL 4:
DIE 2000ER

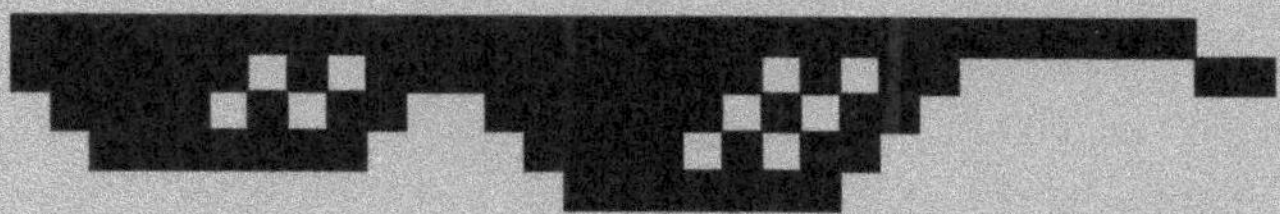

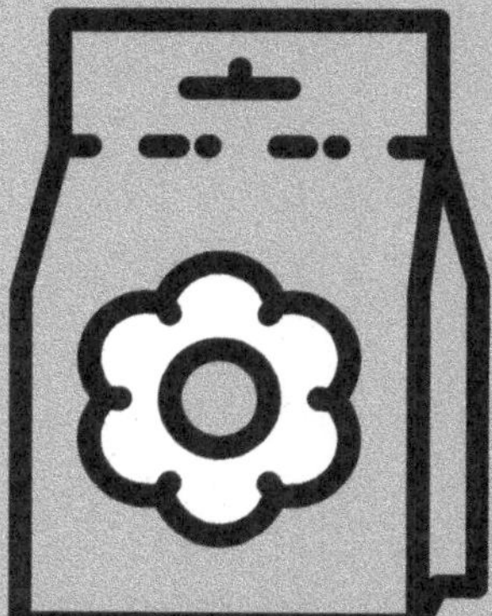

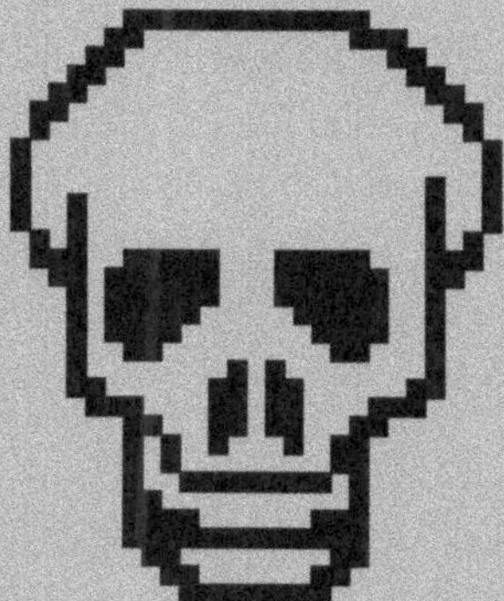

GAMES VERBINDEN DIE WELT

Alle gehen online: Browsergames und MMORPGs prägen die Epoche. In Deutschland wird in der Öffentlichkeit die sogenannte Killerspieldebatte geführt. Gleichzeitig dämmert vielen in Politik und Medien, dass Computerspiele tatsächlich ein Kulturgut sein könnten.

DAS LEBEN, EINE SIMULATION

Im Jahr 2000 veröffentlichte Electronic Arts eines der meistverkauften Spiele aller Zeiten, und das ohne Leveln, Looten oder Shooten: Bei *Die Sims* von 2000 schaut man mehreren Menschen dabei zu, wie sie gemeinsam in einem Haushalt leben. Die simulierten Menschen – die Sims – agieren weitgehend selbstständig, interagieren untereinander und mit Sims aus der Nachbarschaft. Nur manchmal sollte man eingreifen, damit sie aufs Klo gehen, sich Arbeit suchen oder fortpflanzen. Der Erfolg der Alltagssimulation war überwältigend, 2001 landeten *Die Sims* und drei *Sims*-Erweiterungen auf der Top-Ten-Liste der US-Verkaufszahlen, 2002 wurden die *Sims* mit 6,3 Millionen verkauften Exemplaren das am meisten verkaufte Videogame. Den größten Spaß beim Spielen macht nicht unbedingt das Beobachten der Sims, sondern das Designen ihrer Behausungen, hieß es in einem Artikel in der *Psychology Today* von 2003. Eine *Sims*-Begeisterte beschreibt hier, wie sie ihre Designs online gestellt und miterlebt hatte, dass sie tausendfach heruntergeladen wurden.

Einer der Gründe für den Erfolg der *Sims* könnte eben solcher User Generated Content sein – also Spielinhalte, die von Gamern selbst erstellt wurden. Manche erstellten marokkanische Fliesentische, andere kreieren die Crew der

Enterprise als Sims. Und auch dem Publisher brachte mehr Content mehr Umsatz. Bis 2004 veröffentlichte Electronic Arts sieben Erweiterungen mit zusätzlichen Inhalten wie Urlaub, Haustieren und Fantasy-Elementen. Auch das war verhältnismäßig neu, bisher waren im Videogame-Bereich eher Fortsetzungen als Erweiterungen üblich.

Für den Chefdesigner Will Wright war *Die Sims* nach *SimCity*, *SimEarth*, *SimAnt* und *SimLife* das wohl erfolgreichste Spiel. Dabei hatte er sich auch einige Gedanken zum Verhalten der Sims gemacht und dazu die Bedürfnispyramide nach Maslow zurate gezogen. Laut dem Psychologen Abraham Maslow haben bestimmte Bedürfnisse des Menschen immer Vorrang vor anderen. Hunger zum Beispiel will eher gestillt werden als der Wunsch nach einem Traumjob. Das führte dazu, dass man die Motivation der Sims in der Regel gut nachvollziehen kann. Motto: Wenn meine Sims Hunger haben, kann ich jetzt wohl kaum mit der Jobsuche ankommen.

GANG BANGIN SHIT

Während das Leben der Sims ziemlich kuschelig war – im ersten Teil konnten die Sims noch nicht einmal sterben –, holte 2001 ein ganz anderes Game das harte Gangsterleben auf den Bildschirm. Im Onlinemagazin *GameSpy* erhielt *Grand Theft Auto III* in diesem Jahr den Sonderpreis für »Most offensive« – was sich vielleicht am ehesten mit »am geschmacklosesten« übersetzen lässt. Im Artikel dazu heißt es über *GTA III*: »Wir wissen, dass es kein Spiel für Kinder ist. Aber für wen ist es überhaupt geeignet?«

Denn dieses Gangster-RPG – oder Action-Adventure, je nachdem, wen man fragt – nahm das Gangstertum richtig ernst. Was in *Scarface* oder *Reservoir Dogs* als kompromisslose Kunst gefeiert wurde, war im Videogame schockierend – zumindest 2001. Und schön ist es tatsächlich nicht, was die namenlose Hauptfigur von *GTA III* da unter den Kriminellen in der Stadt Liberty City anrichtet. Vielleicht wäre der Publisher Rockstar Games ja damit noch durchgekommen, wenn der schweigsame Protagonist ein Verbrechensbekämpfer gewesen wäre. Allerdings ist er selbst ein Gangster und handelt allein um des Geldes willen, passend zu den damals aktuellen Gangsterrap-Texten. »It's One-Shot kill till they all fall dead«, heißt es im Song *Gang Bangin Shit* des Rappers Jayo Felony, der genau einen Tag nach *GTA III* erschienen ist.

Die verbotene Rolle des Antihelden macht nur einen Teil des Reizes von *GTA III* aus. Das erste 3-D-Game der GTA-Reihe hat neben dem richtigen auch einen heimlichen Hauptdarsteller: Liberty City. Die offene, riesige Stadt – deutlich angelehnt an New York – war eine der ersten wirklich großen Sandboxes. »Die Schlüsselidee des Spiels war, dass es nicht um Gewalt ging, sondern um Freiheit«, erinnerte sich der Entwickler Dan Houser 2011 in einem Interview mit *GameSpot*. Die Freiheit, Gangster umzulegen – oder als Taxifahrer zu arbeiten.

WILLKOMMEN ZURÜCK AUF LEVEL 1!

Wie der Name *GTA III* zeigt, wurden spätestens in den 2000er-Jahren römische Ziffern in Game-Titeln zum Standard. Ähnlich wie bei Hollywood-Filmen produzierten Entwicklerstudios lieber Fortsetzungen von erfolgreichen Titeln, als das Risiko komplett neuer Ideen einzugehen. Was in der *GTA*-Reihe kein Problem ist, weil jeder Teil andere Hauptfiguren hat, stellt die Entwicklungsteams traditioneller Games aber vor ein Problem: Wenn der Protagonist aus Teil 1 wieder die Hauptrolle in Teil 2 spielen soll, wieso fangen wir denn da wieder bei null an? In Teil 1 hat sich der Held oder die Heldin doch schon bis zum Maximum aufgelevelt. Herauskristallisiert haben sich drei mögliche Lösungen: Eine ist der beliebte Gedächtnisverlust. Direkt zu Beginn des Sequels kriegt der Charakter einen Schlag auf den Kopf oder eine magische Attacke ab und kann nichts mehr. Möglichkeit Nummer zwei ist, die Entwicklung der digitalen Spielfigur komplett über die Ausrüstung abzubilden. Dann muss nur vor der Fortsetzung alles verloren gehen. Am häufigsten ist aber Erklärung Nummer drei: Es gibt keine Erklärung. Man fängt einfach wieder bei null an, weil das ja sonst keinen Spaß macht.

DIGITALE DISTRIBUTION IN EINER DIGITALEN WELT

Schon in den 1980ern gab es eine Möglichkeit, Spiele online herunterzuladen. In den USA konnte man mit einem speziellen Steckmodul Atari-Spiele für ein paar Tage online leihen. Der Videogame-Crash von 1983 beendete das Modell und erst in den 2000ern setzten sich Online-Systeme zur digitalen Distribution wieder großflächig durch. Plattformen wie Stardock, GameStop, GamersGate (nicht Gamergate – dazu mehr später) und viele andere boten Videogames zum Download an. 2003 startete der Publisher Valve eine eigene Plattform: Steam. Zunächst waren nur Valve-Titel auf Steam erhältlich – darunter das extrem populäre *Counter-Strike*, 2005 kamen Indie-Titel dazu. Steam bot außer den Spielen selbst auch immer die aktuellen Patches und ab 2008 auch einen Cloud-Dienst für Save Games an. Dass Steam gleichzeitig einen effektiven Kopierschutz bot, war für Publisher noch interessanter. Mit immer besser werdenden Breitbandverbindungen war die digitale Distribution zum Standardgeschäftsmodell geworden. Mittlerweile hat jede Konsole eine eigene Plattform und Steam ist beinah ein Monopolist, wenn es um PC-Spiele geht.

GAMIFICATION: DIE WELT WIRD ZUM SPIEL

Matthias Rürup schrieb im Buch *Spiel versus Leben. Wie Computerspiele unser Leben verändern* über die Methode Gamification: »Sicherlich begegnet man inzwischen fast überall beim Sport, auf der Arbeit, in der Werbung kleinen oder größeren Wettbewerben, Rätsel- und Quizspielen. Dahinter steht aber nicht eine bloße Modeerscheinung, sondern hier handelt es sich um eine bewusste – erfolgreiche und darum immer häufigere – Strategie der Motivation, Beeinflussung oder sogar Manipulation von Menschen.«

Spielerische Elemente im Marketing wie Rabattmarken oder Vielfliegermeilen gab es schon lange. Aber in den 2000er-Jahren fiel Marketingfachleuten auf, wie effizient Videogames Menschen motivieren können. Punkte sammeln bis zum Level-up und unerwartetes Loot erzeugen kleine, kurz andauernde, aber sehr effektive Glücksgefühle. Ähnliche Mechanismen können genutzt werden, um Leute an Marken zu binden, aber auch, um den eigenen Alltag zu managen. Die App *Chore Wars* ist ein Beispiel dafür. Hier werden aus Alltagspflichten spannende Quests. Zu Recht kritisch gesehen wird, wenn Großkonzerne ihre Arbeitskräfte oder totalitäre Systeme ihre Bevölkerung mit Gamification kontrollieren. So könnte man das von China geplante Sozialkreditsystem als Gamification des gesellschaftlichen Miteinanders sehen.

BÖSE SPIELE

2006 äußerte sich der CDU-Politiker Wolfgang Bosbach in einem Interview mit dem *Spiegel*, es gehe bei diesen Spielen also nicht nur um die realistische Simulation des Tötens und Quälens von Menschen oder anderen Lebewesen, sondern auch um das Einsteigen des Spielers in die Handlung. Es sei ein Unterschied, ob man Gewalt im Fernsehen oder Kino nur sehe, oder aber aktiv eingreifen könne und selbst zum Täter werde. Damals stimmte ihm ein großer Teil der Bevölkerung zu. Der Amoklauf in einem Erfurter Gymnasium 2002 hatte in Deutschland eine Debatte befeuert, die schon seit den 1999er-Amokläufen im US-amerikanischen Littleton und im bayrischen Bad Reichenhall schwelte. Denn die Täter waren auch Videogamer, der Erfurter Mörder hatte unter anderem *Hitman* und *Half-Life* gespielt. Der gesellschaftliche Schock nach diesen Taten erzeugte hektische Betriebsamkeit. Eifrig suchten Politik und Medien nach Erklärungen und kamen auf die unterschiedlichsten Ansätze. Das Schulsystem, Waffengesetze, gefährliche Definitionen von Männlichkeit, Actionfilme, Mobbing, aber eben auch: gewalthaltige Computerspiele. Denn schon länger kursierten moderne Mythen über Ego-Shooter. Angeblich sollten solche Games die Tötungshemmung reduzieren – gerne gab es den geraunten Hinweis dazu, dass die »amerikanische Armee« so schon lange ihre Soldaten konditionierte. Menschen, die gerne Shooter spielten, standen unter Generalverdacht. Nach einem erneuten Amoklauf 2009 in den Orten Winnenden und Wendlingen fasste die Innenministerkonferenz den Beschluss, Killerspiele endgültig zu verbieten.

KILLERSPIEL: EIN POLITISCHES WORT

Schon 1981 wurden in Deutschland *Space Invaders*-Arcade-Maschinen als Killerspielautomaten bezeichnet. Für moderne Spiele prägte vor allem der CSU-Politiker Günther Beckstein den Begriff. In der ZDF-Doku *Killerspiele – Der Streit eskaliert* erinnert er sich daran, dass er das Wort in die politische Diskussion eingebracht hat, weil es viel zugespitzter war als etwa eine Formulierung wie »elektronische Spiele mit Gewaltbezug«. Dabei ist die Bezeichnung nicht genau definiert, oft werden mit dem Etikett »Killerspiel« die Ego-Shooter verbunden, aber im Grunde sind alle Spiele mit expliziter Gewaltdarstellung gemeint.

LANDMINEN FÜR DIE SEELE

Schon Jahre vor Winnenden – im Koalitionsvertrag zwischen CDU und SPD 2005 – war beschlossen worden, Killerspiele zu verbieten. Und bereits 2002 wurde die Bundesprüfstelle für jugendgefährdende Schriften massiv bedrängt, *Counter-Strike* zu indizieren. Angeblich sollte der Amokläufer von Erfurt das Spiel besonders oft gespielt haben, was aber niemals bewiesen wurde. Die Präsidentin der Bundesprüfstelle, Elke Monssen-Engberding, verkündete dann auf einer Pressekonferenz 2002, *Counter-Strike* sei in der Tat für Kinder und jüngere Jugendliche nicht geeignet. Ein Verbot für ältere Jugendliche und Erwachsene sei jedoch nicht nötig. Damit fühlte sich die Gaming-Gemeinde bestätigt. Zwar gab es dort wohl kaum Fans der BPjS, aber es kam zumindest gut an, dass sich das Kontrollgremium als unparteiisch und unabhängig von politischem Druck und der öffentlichen Medienmeinung erwiesen hatte. Auch Aktionen wie der »Kölner Aufruf gegen Computergewalt«, in dem gewalthaltige Spiele pauschal als »Landminen für die Seele« und Gefahr für Jugendliche und Erwachsene bezeichnet wurden, änderten das nicht. Im weiteren Verlauf der 2000er-Jahre entstand eine Gegenöffentlichkeit, die sich mithilfe der neuen Möglichkeiten des Internets Gehör verschaffte. Zum Beispiel berichtete der Blog *Stigma Killerspiele* ab 2007 über die mehr als ungenaue und mitunter sogar unwahre Berichterstattung über Shooter und andere Games. Petitionen gegen Verbote wurden gestartet, an denen sich Tausende beteiligten. Auch die Gründung und ersten Erfolge der Piratenpartei, die sich gegen solche Verbote positionierte, hatten vermutlich eine gewisse Signalwirkung. Nach und nach verliefen alle Gesetzesvorhaben im Sand. Die Killerspieldebatte flaute ab, die Generation *Counter-Strike* wurde erwachsen und mit der allmählichen Anerkennung von Videogames als Kulturgut gegen Ende der 2000er-Jahre war der Drops gelutscht.

AGGRO-GAMES: PSYCHOLOGISCHE UNTERSUCHUNGEN

Über die Folgen gewalthaltiger Videogames für Kinder und Jugendliche ist spätestens seit *Death Race* von 1976 immer wieder diskutiert worden. Eindeutige Belege für eine Verbindung von Aggression und Gaming sind jedoch nie gefunden worden. Viele Studien, die solche Thesen trotzdem aufstellen, sind methodisch umstritten. Eine Untersuchung von 2016 mit 9000 Jugendlichen in den USA sah zunächst eine Verbindung zwischen Gaming und Aggression. Dann untersuchten die Forschenden den Alltag der Jugendlichen genauer und bemerkten, dass das aggressive

Verhalten der Studienteilnehmer vor allem mit einem gewalttätigen Umfeld zu tun hatte. Ein Einfluss von Games war nicht nachzuweisen. Die Studie heißt *The Impact of Degree of Exposure to Violent Video Games, Family Background, and Other Factors on Youth Violence.* Die Wissenschaftsjournalistin Mai Thi Nguyen-Kim berichtet in ihrem YouTube-Video *Verursachen Videospiele Amokläufe?* darüber. Dort stellt sie auch andere Studien vor und kommt zu einem recht eindeutigen Fazit. Die Frage »Machen Videospiele Amokläufer?« sei eine Frage, die kein seriöser Wissenschaftler ernst nehme, sondern leider nur die Medien.

DIE SPIELE VON LEIPZIG

Große Gaming Conventions gab es in den USA oder in Japan schon länger. Seit 1995 die Electronic Entertainment Expo, seit 1996 die Tokyo Game Show. 2002 eröffnete dann die Games Convention in Leipzig. Mehr als 80 000 Menschen kamen zum Leipziger Messegelände. Aus Jugendschutzgründen erhielten alle Gaming-Interessierten farbige Armbänder, angelehnt an die Farbcodierung der USK-Aufkleber: Ein gelbes Armband ab 6 Jahren, ein grünes ab 12, ein blaues ab 16 und ein rotes ab 18 Jahren. Die Eröffnungskonzerte im Leipziger Gewandhaus mit Musik aus Videogames waren die ersten ihrer Art außerhalb von Japan. In den folgenden Jahren wuchs die Messe immer weiter, bis im Jahr 2008 mehr als 200 000 Besucher kamen. Dann jedoch beendete der Bundesverband Interaktive Unterhaltungssoftware (BIU) die Unterstützung der Con. Leipzig sei unterdurchschnittlich an das internationale Verkehrsnetz angeschlossen und verfüge nicht über genug Hotelkapazitäten – so begründete der BIU den

Schritt und unterstützte die neu gegründete Gamescom in Köln. Die Leipziger Messe behielt das Namensrecht an der Marke »Games Convention« und versuchte es 2009 mit einer Games Convention Online, die den Schwerpunkt auf Online-, Mobile- und Browsergames legte. Zuerst legten es die Verantwortlichen auf Beef zwischen Leipzig und Köln an und planten zeitlich parallel zur neuen Kölner Messe, doch dann verschoben sie den Termin. Das Konzept scheiterte auch so, 2010 versuchte man es noch einmal mit einer reinen Fachmesse und 2011 war die Games Convention Geschichte.

DIE GC IST TOT, ES LEBE DIE GC

2009 titelte die *Welt*: »Köln schlägt Leipzig – die Gamescom triumphiert« Und tatsächlich übertraf die Gamescom schon beim Auftakt alle Besucherzahlen der Games Convention. Die Con am Rhein war damit schnell etabliert. Im zweiten Jahr kam das Gamescom City Festival dazu, ein Musikfestival mit kostenlosen Konzerten und Streetfood. Mittlerweile gilt die Gamescom als die größte Messe für Games weltweit. Im Jahr 2011 bildete die Gamescom das Zentrum eines mittelgroßen Shitstorms – doch dazu mehr im nächsten Kapitel.

THE MASKED GAMER

Moment mal – war das nicht eben Aloy, die mit Marcus Fenix ein Selfie gemacht hat? Auf so gut wie jeder Convention laufen zahlreiche Cosplayer herum – also Menschen im Kostüm ihrer liebsten Videogame-Charaktere. Cosplay stammt aus Japan, wo selbst gemachte Kostüme von Manga-Figuren schon seit den 1980ern ein Trend sind. Mittlerweile gibt es weltweit Millionen von Fans, die originalgetreue Kostüme schneidern, Repliken von Waffen und Accessoires anfertigen, sich schminken und zu Wettbewerben und Conventions fahren. Spannender als die originalgetreuen Kostüme sind meistens die Neuinterpretationen: ein weiblicher Mario, ein Zombie-Pikachu, ein dicker Link, ein Steampunk-Rex-Colt oder ein Mashup aus Geralt von Riva und Lara Croft.

DIE DR.-BOLL-METHODE

2003 war der Klempner-Albtraum in Form des *Super Mario*-Kinofilms schon zehn Jahre her. Zehn Jahre, in denen Hollywood sich bei der Verfilmung von Videogames nicht gerade mit Ruhm bekleckert hatte. Bisherige »Highlights« waren *Final Fantasy: The Spirits Within*, mit immerhin 44 Prozent positiver Kritiken im Tomatometer auf der Filmkritikseite *Rotten Tomatoes* Spitzenreiter des Jahrzehnts, sowie *Lara Croft: Tomb Raider*, der über 270 Millionen Dollar eingespielt hat (nur 20 Prozent positive Kritiken im Tomatometer). Über andere Werke wie *Mortal Kombat* oder *Wing Commander* lässt sich eigentlich nur der Mantel gnädigen Schweigens breiten. Und dann kam Dr. Uwe Boll mit seinem Werk *House of the Dead*. Der Filmkritiker David Gerhold kommentierte im Kulturblog Fischpott[2], die erste Szene der Filmversion des Zombie-Arcade-Shooters wirke wie eine Parodie: Untermalt von generischem Billig-Techno würde der vermeintliche Protagonist monoton murmelnd einen Monolog abliefern, wie ihn Snoopy aus den Peanuts-Comics (»Es war eine dunkle

2 Von dem der Autor dieser Zeilen zufälligerweise Chefredakteur ist

und stürmische Nacht«) nicht klischeehafter hätte schreiben können. *House of the Dead* gilt zu Recht als einer der schlechtesten Filme aller Zeiten. Die 90-Minuten-Fassung wurde damals indiziert. Boll konnte es egal sein, denn für seinen Karrierestart als Regisseur vor allem von Videogame-Verfilmungen hatte er eine gut funktionierende Finanzierungsmethode entwickelt. Zum einen spielten die Filme beim DVD-Release meist mehr ein als beim Kinostart. Zum anderen gab es noch die Medienfonds. »267 Millionen Euro hat Boll über die Jahre in elf Medienfonds eingesammelt«, schrieb 2007 die *Frankfurter Allgemeine Zeitung*. Denn die Einzahlungen in die Fonds, mit denen Boll Werke wie *Alone in the Dark* (Tomatometer 1 Prozent) oder *BloodRayne* (4 Prozent) finanzierte, konnten als Verluste steuerlich abgesetzt werden. Spielten sie in den folgenden Jahren doch noch Geld ein, konnte das unter Umständen dann zu besseren Konditionen versteuert werden. Als diese Steuerlücke 2005 geschlossen wurde, hatte Boll immer noch genug Geld für weitere Filme: Insgesamt drehte er zehn Videospielverfilmungen und ist damit der Regisseur mit den meisten Game-Adaptionen. Seine zahlreichen weiteren Filme waren in der Regel kontrovers – etwa *Darfur* oder *Ausschwitz*, die Völkermord und Shoa thematisierten. Für einige Zeit zog sich Boll, der auch schon einmal öffentlichkeitswirksam Kritiker zum Boxkampf forderte und vermöbelte, vom Filmemachen zurück. 2021 fiel er erneut mit negativen Schlagzeilen auf, als er einen Film über das rassistische Attentat von Hanau drehte.

EINE GANZE WELT GEHT ONLINE

Als 2004 das Echzeitstrategiespiel *World of Warcraft* erschien, kombinierte das Entwicklungsstudio Blizzard seine Welt

Azeroth mit dem schon etablierten Genre MMORPG *(Massively multiplayer online role-playing games)*. Azeroth stammte aus der *Warcraft*-Reihe, die mit *Warcraft: Orcs & Humans* 1994 begann. Hier konnte man eine Armee entweder von Menschen oder von Orks aufbauen und gegen den Computer oder andere Personen antreten. Die Idee zu *Warcraft* hatte Entwickler Patrick Wyatt beim Spielen von *Dune II* – im Unterschied dazu sollte das *Warcraft*-Setting keine Science-Fiction-Welt, sondern eine Fantasy-Welt sein. Blizzard wollte damals eine lizenzierte Version der analogen *Warhammer*-Spielereihe erschaffen. Doch der Rechteinhaber Games Workshop lehnte ab. Ein paar Elemente aus der *Warhammer*-Welt – etwa die grasgrünen Orks – blieben dennoch übrig. *Warcraft* wurde auch als eigene Lizenz schnell ein etablierter Game-Klassiker und Blizzard arbeitete neben den Fortsetzungen bald auch an einem MMORPG.

Dabei waren grafische MMORPGs 2004 schon lange nichts Neues mehr. Bereits 1997 war *Ultima Online* erschienen, und 1999 folgte *EverQuest* – beides Fantasy-MMORPGs, in denen Krieger und Hexen durch verwunschene Wälder und teuflische Dungeons zogen. Die Entwickler von Blizzard schauten sich genau an, was ihre baldige Konkurrenz so trieb. Und lernten dabei, was sich besser machen ließ. Als ihr Spiel 2004 (in Europa 2005) startete, war die Geschäftsleitung entzückt. Schon im ersten Quartal 2005 waren 1,5 Millionen Menschen in die *World of Warcraft* eingeloggt. Das Entwicklungsteam war tatsächlich eher »entgeistert«. Dass so viele Menschen so schnell auflevelten, hatte man nicht erwartet. Chefdesigner Rob Pardo sagte 2019 im Interview mit der Website USgamer, dass das Team vorher nie erfahren hatte, wie es ist, an einem Spiel zu arbeiten, das niemals endet.

WORLD OF LOVECRAFT

Mit Geschick und Improvisationstalent baute Blizzard die *World of Warcraft* in den folgenden Jahren immer weiter aus. Die Abozahlen wuchsen weiter – sie erreichten 2010 mit zwölf Millionen den bisherigen Höhepunkt. Parallel entwickelte sich eine Fandom-Kultur: Comics, Romane, Brettspiele und ein Pen-and-Paper-Rollenspiel begleiteten die Fans auch außerhalb der digitalen Welt. Auf Conventions verkleideten sie sich als *Warcraft*-Charaktere wie Tyrande Wisperwind oder Arthas Menethil. Zwischen den Mitgliedern der Gilden entstanden lebenslange Freundschaften oder sogar Ehen. Schon in der koreanischen Betaversion lernten sich laut einer T-Online-Meldung von 2006 Good At Diablo und Ix kennen und heirateten – sowohl im Real Life als auch in der *World of Warcraft*. Das gemeinsame Spielen, Erkunden, Siegen und Verlieren verband Tausende von Nerds auf emotionale Art und Weise. Aber auch das sorgte für Kritik. Tenor: Die emotionale Verbindung könnte die Gefahr der Spielsucht deutlich erhöhen.

Nicht aus Spielsucht, sondern aus Profitgier mussten Insassen in chinesischen Gefängnissen *World of Warcraft* spielen. 2011 erschien darüber ein Artikel in der englischen Zeitung *The Guardian*. Im Gefängnis Jixi Labour Camp sollen die Wärter über 300 Insassen gezwungen haben, Onlinespiele wie *World of Warcraft* zu spielen. Mit ihren Charakteren mussten sie digitales Gold in der Spielwelt sammeln, das die Wärter dann online verkauften. Goldfarmen war in der Mitte der 2000er zu einem lukrativen Geschäftszweig in China und anderen Staaten mit ähnlicher Ökonomie geworden. Als Reaktion hatte die chinesische Regierung 2009 illegale Geschäfte mit digitalen Waren untersagt, aber der Markt war voller rechtlicher Grauzonen und konnte nie ganz eingedämmt werden.

LESEN ÜBER SPIELE: DIE SCHNAPSIDEE

Nach einer Kneipendiskussion verkündete der Journalist Kieron Gillen 2004 in seinem Manifest *The New Games Journalism*, Spielejournalismus sollte kein Job sein, sondern eine Berufung. Er sei auf einem absteigenden Ast, so Gillen. Es dürfe nicht mehr nur darum gehen, bei Release eine Kritik zu schreiben und das Ganze danach zu vergessen. Denn es sei auch wichtig, was man beim Spielen fühle und wie man persönlich auf das Game reagiere – denn schließlich sei jeder Eindruck hochgradig individuell. »Das macht uns zu Reisejournalisten an imaginären Orten«, heißt es in Gillens Manifest. Zum Teil hielt Gillen damit einen ohnehin schon bestehenden Trend fest. Viele Artikel waren längst keine einfachen 80-von-100-Punkten-Daumen-hoch-Reviews mehr, sondern gingen eher in die Richtung von klassischen Kritiken. Die Branche Games-Journalismus hatte sich in den Jahren zuvor in viele verschiedene Richtungen entwickelt.

In Deutschland begann die 2000er-Jahre zunächst mit einem großen Sterben der Gaming-Magazine: PC- und Konsolen-Publikationen wie *Power Play*, *PC Joker*, das *Club Nintendo Magazin* und viele weitere machten dicht. Die Auflagen anderer großer Hefte wie der *Computer Bild Spiele*, der *Bravo Screenfun* und der *PC Games* dagegen stiegen weiter an und gingen bis in die Hunderttausende. Das Konzept von Gillens New Games Journalism hatte in Deutschland schon 2003 einen Vorreiter. Das Magazin *GEE* (stand für *Games Entertainment Education*) schaffte die üblichen Wertungen ab und veröffentlichte auch Reportagen und Hintergrundberichte. 2004 startet das ähnliche Heft *[ple:] – Spielkultur für Erwachsene*, ging aber schon nach zehn Ausgaben pleite.

Außer Journalismus über Games entstand in den 2000ern auch Journalismus in Games. Das australisch-neuseeländische Game *Escape from Woomera* von 2004 zeigte das Leben illegaler Asylsuchender im australischen Woomera Immigration Reception and Processing Centre. Aufgrund von Menschenrechtsverletzungen kam es hier zu Ausbrüchen und Aufständen, der Presse wurde der Zugang verwehrt. Gewissermaßen als Ersatz wollte das Entwicklungsteam unter Leitung der Game-Designerin Katherine Neil die Möglichkeit bieten, das Lager virtuell zu erkunden. Um die Lagerinsassen nicht auf eine Opferrolle zu reduzieren, versuchte das Team im Spiel mit einer Hoffnungsanzeige, die in Einzelhaft sinkt und bei geschafften Aufgaben steigt, die Aspekte Handlungsfähigkeit und Selbstwirksamkeit der Betroffenen zu betonen. Die Modifikation von *Half-Life* wurde jedoch nicht vollendet, veröffentlicht wurde die unfertige Demo-Version. Teile der australischen Regierung und Menschenrechtsorganisationen kritisierten das Spiel bei Erscheinen. Heute wird das Serious Game als eines der ersten Beispiele für ein Videogame mit einer politischen Botschaft gesehen.

YOUGAME

Während Magazine um ihren Bestand kämpften und der Spielejournalismus über seine Ausrichtung nachdachte, machten andere Game-Begeisterte einfach Videos und luden sie bei YouTube hoch. Walkthroughs, Speedruns und Let's Plays entwickelten sich schon bald nach dem Start der Videoplattform 2005 zu beliebten Kategorien. Leuten beim Spielen zuzugucken, war mindestens so spannend wie Selberzocken.

Auch im TV-Betrieb gab es immer mehr Videogame-Formate: *GIGA\\GAMES* auf dem Sender GIGA und *Game One* auf MTV prägten die Szene in Deutschland.

KOLOSSALE KUNST

Shadow of the Colossus von 2005 gilt als eines der ersten kommerziellen Spiele, das allgemein als Kunst anerkannt wurde. Die Geschichte des Sony-Games ist eigentlich recht einfach. Die Hauptfigur ist ein junger Mann, der ein junges Mädchen wiederbeleben will. Dazu muss er 16 Kolosse besiegen – gigantische Wesen, die durch die Lande stampfen. Diese einfache Quest stellt sich jedoch als wahrhaft epische Wanderung heraus. Die Kolosse sind Endgegner und Level zugleich, sie zu erklimmen heißt zugleich, sie kennenzulernen. Die Website IGN wählte *Shadow of the Colossus* 2005 zum besten PlayStation-2-Game: »Das Spielen von *Shadow* weckt starke Gefühle von Abenteuer, Liebe und sogar Schuld.«

THE ART OF GAMING

Reine Kunst-Games gab es natürlich schon länger. Schon in den 1980ern erschienen Spiele wie *Alien Garden*, *Lifespan* und *Moondust*, die als Kunstspiele oder Art Games bezeichnet wurden. In den 2000ern nahm die Zahl der Art Games zu. Schließlich war da schon die erste Generation von Kunststudierenden mit Games sozialisiert worden. Bemerkenswert war das auf *Pong* basierende Arcade-Spiel und Kunstobjekt *Painstation* von 2001, das auf das Punktemachen mit Stromschlägen reagierte. Oder das Online-Game *The Endless Forest*, bei dem man als hirschähnliche Kreatur durch einen Wald streift und mit anderen Hirsch-Avataren durch Gesten kommuniziert. Für Kontroversen sorgte das *Super Columbine Massacre RPG!*, in dem der Amoklauf von Littleton nachgestellt wurde. Seit 2003 produziert das italienische Studio Molleindustria sozialkritische und mitunter blasphemische Games – vom kirchenkritischen *Operation: Pedopriest* über das satirische *McDonald's Videogame* bis zur Prügelspiel-Parodie *Faith Fighter*. Darin kloppt sich Jesus mit Buddha und auch Mohammed und Ganesha teilen mächtig aus. Die Games des Studios Thatgamecompany, die ebenfalls in den 2000er-Jahren erschienen, sind dagegen visuelle, fast schon meditative Gedichte. So steuert man in *Flower* von 2009 lediglich den Wind, der Blütenblätter durch die Luft wirbelt.

FLASH, SAVIOUR OF THE GAMINGVERSE

1996 sollte ein Programm namens FutureSplash Animator den Zugang zu Websites über Modem beschleunigen. Ein paar Jahre später revolutionierte es – jetzt unter dem abgekürzten Namen Flash – das Game-Design. Denn mit Flash konnte man Animationen direkt mit Code verbinden und so wurde es viel einfacher, ganz alleine ein Spiel zu designen. Im Nu entstanden Websites wie *Newgrounds*, auf denen Tausende von Flash Games zur Verfügung standen. Sarah Northway, Designerin des Zombiekalypse-Strategiespiels *Rebuild*, erinnert sich auf flashgamehistory.com: »Es war revolutionär, wie einfach das Teilen wurde.« Flash habe all diesen kleinen experimentellen Spielen sofort ein Publikum verschafft und so den Aufstieg der Indie-Games, wie wir sie heute kennen, ermöglicht, heißt es dort weiter. Und dank der Verbreitung von Flash liefen Flash Games auf allen PCs, egal, welche Software zur Verfügung stand. Es war ein bisschen so, als ob das

Prinzip Shareware aus den 1990ern wieder zurück war, nur dass jederzeit sofort Vollversionen zur Verfügung standen. Denn so gut wie alle Flash Games waren Free-to-play, also umsonst. Der einzige Preis, den man für eine Runde *Defend Your Castle, Escape: The Room* oder *Dad 'n Me* zahlen musste war etwas Wartezeit, während die Werbung lief. Meistens vor Beginn des Spiels, manchmal auch mittendrin.

FLASH GAME OF LOVE

Wir alle haben ein persönliches Flash Game of Love, ein Browserspiel, von dem wir nie genug kriegen konnten. Meines ist *Burrito Bison*. Ein Luchador (also mexikanischer Ringer) muss aus einer Gummibärchenwelt entkommen, indem er sich durch mehrere Level voller kleiner bunter Süßwarenfieslinge katapultiert.

In der Hochzeit der Flash Games entstanden Computerspielgenres wie Endless Runner, Tower Defense und Escape Room Game. Wer in den 2000ern Zugang zu einem internetfähigen Rechner hatte, spielte früher oder später Flash Games. Dabei waren viele Titel bunt und harmlos, unzählige aber auch unansehnlich, mit krudem Gameplay und verstörenden Inhalten. Im Gegensatz zu heutigen App-Stores waren die Flash-Game-Sites nicht reguliert. Flash demokratisierte das Game-Machen und erwies sich als eine Keimzelle der späteren Indie-Game-Bewegung.

Schon 2007 begann Apple damit, das Ende von Flash einzuläuten. Das damals brandneue iPhone verzichtete auf Flash-Unterstützung. Flash koste zu viel Akkuladung, sei hackbar und letztendlich komplett der Kontrolle von Adobe unterworfen: Das schrieb Steve Jobs 2010 in seinem offenen Brief *Gedanken zu Flash*. Nach und nach zogen andere Entwickler mit und schließlich machte die Entwicklung von HTML5 Flash obsolet. Damit ist die Geschichte der Flash Games aber noch nicht vorbei. Gaming-Archive wie *Flashpoint* bewahren viele auf, andere wie *Bejeweled* sind zu eigenen Apps geworden.

FREE TO PAY

Für die Finanzierung von MMORPGs und Flash Games setzte sich bald ein Geschäftsmodell durch, das an den Erfolg der Shareware aus den 1990ern anknüpfte. Free-to-play oder Freemium bedeutet, dass ein Spiel online kostenfrei gezockt werden kann, aber wer bezahlt, erhält ein paar Extras. Das kann besonderer Content wie bestimmte Skins, es können aber auch spielentscheidende Kräfte oder Gegenstände für den eigenen Charakter sein. Oder eine werbefreie Umgebung. 2011 ergab eine Untersuchung der Mobile-App-Plattform *Flurry*, dass von allen Freemium-Nutzenden etwa 0,5 bis 6 Prozent Geld für besondere Inhalte ausgeben. Das klingt nach wenig Einnahmen, aber durch den kostenfreien Einstieg gehen die Nutzerzahlen schnell in die Millionen. Dadurch können sich Freemium-Games schnell für die Publisher bezahlt machen, gerade wenn zusätzlich noch Werbeeinnahmen zum Geschäftsmodell gehören.

PHILOSOPHIE UND MUTANTEN

Ein brillanter Geschäftsmann war auch Andrew Ryan, der in den 1940er-Jahren seine Vision einer perfekten objektivistischen Unterwasserstadt verwirklichte. Rapture, eine im Art-déco-Stil errichtete Stadt, verband die modernste Technik seiner Zeit mit einem noch nie da gewesenen Erfindergeist – zumindest im Shooter *BioShock* von 2007. Hier kamen gleich mehrere Elemente zusammen, die das Game aus der Masse von militärischen Shootern der Zeit heraushoben. Da war zum einen das komplett neue Setting, zum anderen kam die Auseinandersetzung, ja fast schon Abrechnung mit einer heute in den USA einflussreichen Philosophie hinzu. Wobei der sogenannte Objektivismus der Autorin Ayn Rand (1905–1982) eher eine Pseudophilosophie ist. Im Grunde ging die aus dem russischen Zarenreich emigrierte Rand davon aus, dass Egoismus der Vater des Erfolgs ist, dass Reiche ihre Stellung in der Welt verdient haben und dass Altruismus ein Fehler ist. Rands Ideen fanden seit den 1990ern vor allem in konservativen Kreisen in den USA ihre Anhängerschaft. *BioShock* zeigt die Folgen dieser Ideologie: Die fantastische Stadt Rapture ist verfallen und wird bevölkert von halb mutierten Drogensüchtigen, die den Protagonisten angreifen und töten wollen. Dazu spielt das Game in seiner Story auch noch mit dem Konzept des freien Willens. Denn natürlich stellt man sich schon einmal die Frage, warum man immer brav alle Quests in einem Videogame kritiklos erledigt. Dadurch, dass *BioShock* diese Frage beantwortet, hat es sich seinen Platz in den Annalen der Videogame-Geschichte gesichert. Zudem stellte *BioShock* auch die moralische Frage: Handelt man in Rapture als egoistischer Mistkerl, der kleine Mutantenmädchen tötet, um sich Vorteile zu verschaffen? Oder bleibt man anständig und muss sich mit weniger Vorteilen durch das Spiel kämpfen? Je nach Vorgehensweise gab es unterschiedliche Endsequenzen. Damit hatte das eigene Verhalten Konsequenzen.

Da *BioShock* außerdem noch ein spannendes Gameplay hatte, war sich die Kritik mit Metascores über 90 Prozent einig.

BioShock war für viele der Beweis, dass Videogames erwachsen geworden waren. Auch wenn nicht alles neu war, hinterließ die Kombination der erwähnten Elemente einen tiefen Eindruck. Viele spätere Spiele wie *Dishonored*, *Deus Ex: Human Revolution* oder *The Witcher 3* verfolgten ebenfalls den Ansatz einer Story mit vielen alternativen Entwicklungen.

STORYTELLING

War ganz am Anfang noch das Gameplay das wichtigste Element eines Videogames, wurde mit den Jahren auch das Storytelling immer wichtiger. Um wirklich zu überzeugen, musste auch die Geschichte eines Games stimmig sein. Natürlich waren all diese Games immer noch voller Drachen, Zombies und Roboter, aber fantastische Elemente mussten zur Logik der Spielwelt passen. Am überzeugendsten sind immer die Geschichten, die man sich selbst erspielt. Klar kann eine Story auch atmosphärisch über eine Zwischensequenz oder durch Texte, die wir im Spiel finden, rübergebracht werden – am besten sind die Story-Elemente jedoch, wenn man sie direkt erleben kann. Dazu gehören eben auch Entscheidungen, deren Auswirkungen man im Spiel direkt miterlebt.

GUTER KULTURRAT

2008 kam es zu einer kleinen Erschütterung in der deutschen Kulturbranche. Der Bundesverband der Entwickler von Computerspielen (GAME) wurde Mitglied im Deutschen Kulturrat. Bereits 2007 kündigte sich die Entwicklung an, als der Kulturrat-Geschäftsführer Olaf Zimmermann am Rande der Games Convention in Leipzig sagte: »Computerspiele sind ein Kulturphänomen.« Aber auch nach diesen höheren Weihen gab es weiterhin kritische Stimmen »zum vermeintlichen Trash-Medium Videogame«. Trotzdem war die Aufnahme in den Kulturrat ein weiterer Schritt weg von einer Politik der Verbotsforderungen. Vielleicht wurde hier sogar die Hoffnung geweckt, dass durch Förderungen und Selbstregulierung weniger gewalthaltige Spiele produziert würden. Eine vergebliche Hoffnung, denn die meisten internationalen Publisher dürften von der Änderung im Deutschen Kulturrat wenig mitbekommen haben.

VIELLEICHT KEINE KULTUR, ABER WISSENSCHAFT

Dieses Spiel hat der Menschheit wirklich weitergeholfen: 2008 brachte die Universität von Washington das Puzzle-Game *Foldit* heraus. Ziel des Spiels ist es, ein Protein optimal zu falten. Denn um echte Proteine für die Erforschung von Krankheiten zu verstehen, ist es nötig, ihre natürliche optimale Form zu kennen. Und um die zu finden, eignen sich das Vorstellungsvermögen und die Mustererkennungsfähigkeit des Menschen. Die rund 240 000 *Foldit*-Gamer haben so dabei mitgeholfen, HIV und Covid-19 zu bekämpfen. Während der Coronapandemie hat auch die Community von *EVE Online* die Wissenschaft unterstützt und auf Bildern Gruppen von Blutzellen markiert. Ein Computeralgorithmus hätte das nicht so gut hingekriegt wie ein menschliches Gehirn.

SOCIAL FARMWORK

»Jetzt ist Schluss mit Melonenmelken!« Mails mit solchem oder ähnlichem Betreff landeten Ende der 2000er-Dekade in manch einem Arbeitspostfach. Denn das Unternehmen Zynga hatte als eines der Ersten den Nutzen von Social Media für Games erkannt. *FarmVille* war eine Facebook-Anwendung, also nur im sozialen Netzwerk spielbar. Das Ziel des Spiels war das Bewirtschaften eines virtuellen Bauernhofs. Säte man Kürbisse, musste man sie alle paar Stunden wässern und konnte sie dann schließlich ernten. Verpasste man die Bewässerung, verdorrten die Pflanzen und warfen keinen Ertrag ab. Für abgeerntete Pflanzen erhielt man Münzen, die man für neues Saatgut, Tiere oder Deko-Elemente ausgeben konnte. Fehlte die Geduld, konnte man auch für echtes Geld FarmCoins kaufen – was das eigentliche Geschäftsmodell von Zynga darstellte. Die Aktionen bei *FarmVille* dauerten nie sehr lange und erforderten wenig Geschick oder Taktik. Aber sie sorgten dafür, dass man sich immer wieder einloggte oder stundenlang bei Facebook darauf wartete, endlich die Ernte einzufahren. Das Schlimmste war aber die Funktion »Nachbarschaft«. Denn man konnte auch seine Facebook-Buddys einladen, Nachbarn zu werden. Dann hieß es regelmäßig: »Kannst du mir bei der Tomatenernte helfen?« Mit Saison-Specials wie Schneemännern oder Osterhasen erweiterte sich die bunte *FarmVille*-Welt immer wieder. Und wer keine Lust auf Bauernhof hatte, wurde von Zynga oder der Konkurrenz mit *Mafia Wars*, *Dungeons & Dragons: Tiny Adventures* oder einem von vielen, vielen weiteren Social-Network-Games geködert. 2010 gab Zynga an, dass rund 230 Millionen Menschen die Spiele des Unternehmens nutzten. Kein Wunder also, dass auch Parodien wie *Cow Clicker* erschienen, bei dem man nur auf eine Kuh klicken konnte – alle sechs Stunden. Dafür erhielt man dann virtuelles Geld, das sogenannte »Mooney« – eine Anspielung nicht nur auf Kuhgeräusche, sondern auch auf Zynga-CEO Bill Mooney. Auch *Cow Clicker* sammelte eine große Anhängerschaft – bis 2011 alle Kühe während der Cowpocalypse verschwanden. *FarmVille* hielt sich länger, erst 2020 wurde das Spiel eingestellt. Das Vorbild für *FarmVille* war wahrscheinlich das chinesische Game *Happy Farm*, das wiederum vom japanischen *Story of Seasons* inspiriert wurde.

NEXT LEVEL LOADING ...

VAPORWARE FROM DEVELOPMENT HELL

Spiele, mit denen niemand mehr gerechnet hatte:

- ***Daikatana***
  1997 kündigte Doom-Mastermind John Romero großspurig sein nächstes Werk *Daikatana* an: »John Romero's about to make you his bitch!« Doch zunächst passierte wenig. Im Hintergrund wechselte das Entwicklungsteam von der Quake-Engine zur Engine von *Quake II*. Dann passierte nichts. Und als das Game schließlich im Jahr 2000 endlich rauskam, war es hoffnungslos veraltet und der Hype längst verpufft.
- ***StarCraft II: Wings of Liberty***
  Sieben Jahre brauchte Publisher Blizzard von der Ankündigung bis zum Release der Echtzeitstrategie-Fortsetzung: 2003 wurde die Vorfreude der Fangemeinde geweckt, aber erst 2010 kämpften dann endlich wieder Zerg gegen Marines gegen Protoss. Nur auf das 2002 angekündigte *StarCraft: Ghost* warten Fans bisher vergeblich …

- ***Team Fortress 2***
  1998 versprach Valve einen Nachfolger von *Team Fortress*, ursprünglich ein Mod für *Quake*. Jahrelang stand das Game dann auf der Vaporware-Liste des Magazins *Wired*, während im Hintergrund der Stil von realistisch zu cartoonesk geändert wurde. 2007 war es dann so weit: *Team Fortress 2* erschien in der Kompilation *Orange Box*, zusammen mit *Half-Life 2* und zwei Erweiterungen sowie dem neuen Game *Portal*.
- ***Spore***
  Schon 2000 fing *SimCity*-Designer Will Wright mit der Arbeit an dieser intergalaktischen Lebenssimulation an. 2004 drangen dann erste Gerüchte an die Öffentlichkeit: Wright arbeite nach *SimCity*, *SimEarth* und den *Sims* an einer Art *SimEverything*. 2005 kündigt Wright ein Game namens *Spore* an, dass 2008 dann das Licht der digitalen Welt erblickte – und vor allem dafür bekannt wurde, dass Spaßvögel mit dem Creature Generator penisförmige Monster erschufen.
- ***Darkfall Online***
  Als der Entwickler Razorwax das Fantasy-MMORPG 2001 ankündigte, rechnete niemand mit den Verzögerungen: Erst wurde Razorvax einer größeren Firma eingegliedert, danach zog das gesamte Team von Norwegen nach Griechenland, dann wurde eine Betaphase angekündigt, dann gab es lange Zeit außer Gameplay-Videos nichts – bis 2009 das Spiel erschien. Der Nachfolger *Darkfall Unholy Wars* dagegen wurde 2012 angekündigt und war schon 2013 fertig.
- ***Cyberpunk 2077***
  2012 gab das polnische Studio CD Projekt Red bekannt, an einer Videogame-Umsetzung des Pen-and-Paper-Rollen-

spiels *Cyberpunk 2020* zu arbeiten. Die Hype-Maschine lief heiß und 2019 hatte das Action-RPG schon mehr als 100 Preise erhalten – war aber noch nicht erschienen. CD Projekt Red schaffte es, 2020 noch das Spiel rauszuhauen – verlangte vom Entwicklungsteam aber wohl auch unzählige Überstunden.

- ***The Last Guardian 9***
  Zwar war der geistige Nachfolger von storygetriebenen Titeln wie *Ico* und *Shadow of the Colossus* 2007 bereits in Arbeit, doch das kleine Entwicklungsteam kämpfte damit, die Visionen des Chefdesigners Fumito Ueda umzusetzen. Als dann noch die Engine von der PlayStation 3 zur PlayStation 4 wechselte und Ueda Sony verließ, zog sich die Entwicklung wie Kaugummi. Erst 2016 kam das Action-Adventure heraus.
- ***Prey 11***
  1995 angekündigt, 1999 verschoben und dann war es 2006 so weit: Der Shooter um einen jungen Cherokee, der von Aliens entführt wird, erschien doch noch – nach elf Jahren. Ein Problem bei der Produktion war das ehrgeizige Portal-Feature, bei dem Risse im Raum in Echtzeit erschaffen und modifiziert werden sollten. Mit *Prey* von 2017 hat das Spiel übrigens nichts zu tun.
- ***Duke Nukem Forever***
  Jahrelang war die Frage ein Running Gag der Gaming-Szene: Ob dieses Jahr wohl *Duke Nukem Forever* rauskommt? 1997 angekündigt, immer wieder verschoben und was dann im Jahr 2011 erhältlich war, sah für viele aus wie ein schlechter Witz: Überholtes Gameplay, schlecht gealterter Humor und grober Sexismus ersetzten Spielspaß durch Unbehagen und Fremdscham.

LEVEL 5:
DIE 2010ER

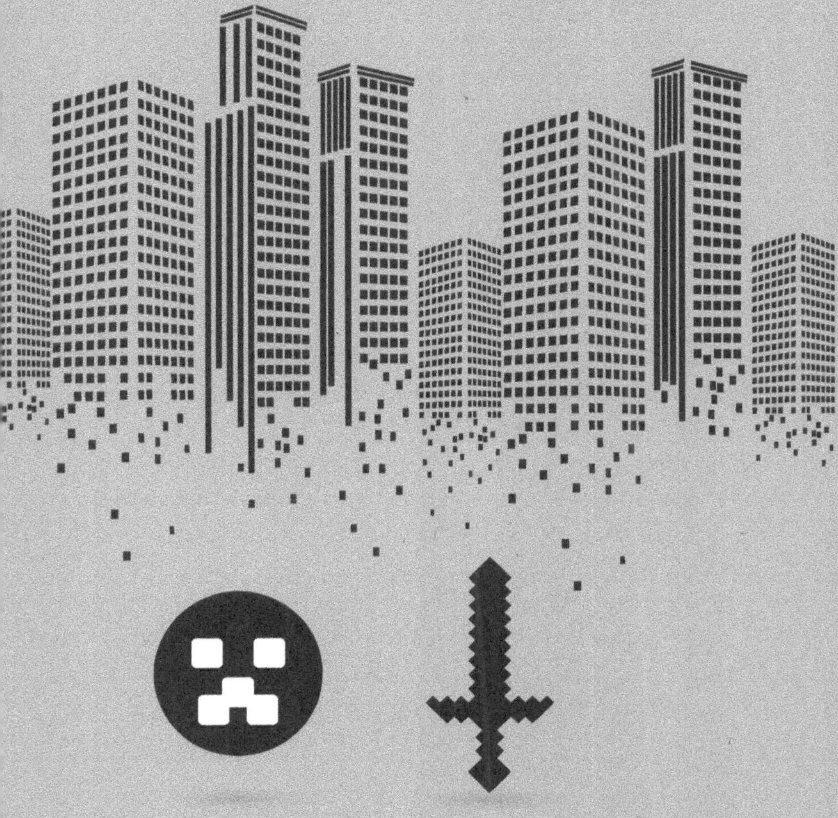

GAMES WERDEN MOBIL

Dank Smartphones werden Mobile Games allgegenwärtig. Die Skandalisierung von Videogames läuft nach ein paar Höhepunkten langsam aus. Crafting und Crowdfunding erreichen Millionen. Hass und Hetze machen Probleme der Gaming-Gemeinschaft sichtbar.

HALF-LIFE AN DER GRENZE

Natürlich blieben auch in diesem Jahrzehnt die medialen Empörungsskandale nicht aus. »So widerwärtig! Die Morde am Todesstreifen als Onlinespiel«, titelte die *Bild* 2010 über *1378 (km)*. Entworfen hatte das Game der Medienkunst-Student Jens M. Stober von der Staatlichen Hochschule für Gestaltung Karlsruhe. Das Thema von *1378 (km)* war hochgradig kontrovers. Der Titel bezieht sich nämlich auf die Länge der Grenze zwischen BRD und DDR. Im Spiel kann man die Rolle von DDR-Grenzschützern oder Republikflüchtlingen im Jahr 1976 übernehmen. Erschießt man als Grenzer einen Flüchtling, landet man im Jahr 2000 vor Gericht. *1378 (km)* ist eine Modifikation (kurz: Mod) von *Half-Life 2* und basiert auf dem ähnlichen Mod *Frontiers*, der aber die EU-Außengrenzen thematisiert. *1378 (km)* löste einen Sturm der Entrüstung aus. Vor allem die *Bild* machte mit polemischen Schlagzeilen Stimmung gegen das Spiel. Stober erhielt Morddrohungen und schließlich ermittelte sogar die Staatsanwaltschaft Karlsruhe gegen den Entwickler wegen des Verdachts auf Verharmlosung oder Verherrlichung von Gewalt und Verstößen gegen die Menschenwürde. 2011 wurde das Verfahren eingestellt. Für den Artikel in der *Bild* gab es eine Rüge vom Presserat, die allerdings nie in der Zeitung abgedruckt wurde. Heute gilt *1378 (km)* als ein wichtiger Beitrag zur Debatte, ob sich Videogames ernsthaft mit Geschichte auseinandersetzen können. In den Jahren nach dem Erscheinen wurde das Spiel auf zahlreichen Ausstellungen im In- und Ausland gezeigt. 2013 wurde es zu einem der besten deutschen Computerspiele der letzten 25 Jahre ernannt – von der *Computer Bild Spiele.*

ERNSTHAFT JETZT: SERIOUS GAMES

Games wie *1378 (km)* oder *Frontiers* gelten als Serious Games. Die einzige Gemeinsamkeit der Serious Games ist, dass sie nicht nur zur Unterhaltung dienen, sondern vor allem Inhalte vermitteln sollen. Darunter fallen Fitnessspiele (das sogenannte Exergaming), Spiele zur Weiterbildung und journalistische Games beziehungsweise Newsgames. 2019 ist zum Beispiel *The Amazon Race* herausgekommen, bei dem man die Arbeitsbedingungen in einem Amazon-Warenlager im Spiel direkt mitbekommt. Aber nicht alle Serious Games sind objektiv; was man bei ihnen lernt, hängt letztendlich immer vom Entwicklungsteam ab.

DIE DDR IM VIDEOSPIEL

Neben dem erwähnten *1378 (km)* gibt es noch weitere Games mit DDR-Bezug:

- ***The Operative: No One Lives Forever***
  Protagonistin in diesem Shooter von 2000 ist die Agentin Cate Archer, die in den 1960ern für die britische Regierung arbeitet. Eine der Missionen spielt in Ostberlin, Cate

muss hier einen ostdeutschen Wissenschaftler namens Otto Schenker befreien.

- ***1982: Schwarzmarkt DDR***
  In diesem Jump 'n' Run von 2004 sammelt man als Volkspolizist Paule Pummelmann Südfrüchte, Netzstrumpfhosen und andere Konsumgüter, um sie auf dem Schwarzmarkt zu verhökern.
- ***NVA – Mission vorwärts immer!***
  NVA-Soldat Henrik absolviert in diesem Racer aus dem Jahr 2005 unterschiedliche Missionen bei einem Militärmanöver, um der Tochter seines Vorgesetzten schöne Augen zu machen.
- ***Papers, Please***
  Auch wenn der Schauplatz dieses Games von 2013 nicht die DDR, sondern der fiktive Staat Arstotzka ist, sind die Parallelen klar. Man spielt einen Grenzbeamten und muss sich entscheiden, ob man bei Republikflucht wegsieht oder die eigene Familie mit den Bonuszahlungen für vereitelte Fluchtversuche durchbringt.
- ***Schwarzesmarken: Crimson Blood Emblem***
  In dieser japanischen Visual Novel überfallen Aliens in den 1970er-Jahren die Erde. Das Einzige, was sie aufhalten kann, ist die NVA-Roboterschwadron Schwarzesmarken. Das Game von 2015 basiert auf einer Reihe von illustrierten Romanen.
- ***Jalopy***
  In diesem Roadmovie-Game von 2016 fährt der junge Deutschtürke Splat mit seinem Onkel Lütfi kurz nach dem Mauerfall von Ostberlin nach Istanbul. Unterwegs muss man den Trabbi am Laufen halten und kann mehr über die Familiengeschichte der beiden herausfinden.

- ***All Walls Must Fall***
  Berlin im Jahr 2089, nur hat hier der Kalte Krieg kein Ende gefunden. Als Kai, Agent der Zeitreise-Organisation STASIS, muss man sich durch diverse Klubs bewegen, um ein Attentat nachträglich zu verhindern, das schon stattgefunden hat. 2017 erschien dieses rundenbasierte Strategie-Spiel.
- ***Ostalgie: The Berlin Wall***
  Das Spiel von Kremlingames aus dem Jahr 2018 überlässt den Spielenden die Führung der DDR nach dem Zusammenbruch der UdSSR. Hier kann man den Sozialismus reformieren, das eigene Regime stabilisieren und schließlich die Weltrevolution anführen.
- ***Call of Duty: Black Ops Cold War***
  Das historische Setting des Games von 2020 geriet in die Kritik, weil es rechte Verschwörungsmythen um den Ostblock bediente. In der Mission Brick In The Wall zeigt es das historische Ostberlin der 1980er-Jahre recht authentisch.
- ***The Berlin Wall***
  Dieses Spiel des Entwicklers Pixels Interactive ist noch nicht erschienen. Es thematisiert die Fluchtversuche aus Ostberlin nach dem Mauerbau. Als Kopf einer Untergrundorganisation muss man Fluchten planen und durchführen.

RTL UND DIE BELEIDIGTEN GAMER

Und schon wieder erregte ein Medienbericht die Gemüter: Gamer – das sind doch ungewaschene, unsportliche, unsoziale Typen, total fixiert aufs Daddeln. Mit dieser Aussage einer unterhaltsam gemeinten Reportage von der Gamescom rüttelte 2011 das RTL-Magazin *Explosiv* am Shitstorm-Baum. Der Beitrag führte innerhalb kürzester Zeit zu unzähligen wütenden Mails an RTL, zu Tausenden Meldungen bei programmbeschwerde.de, zahlreichen Antwort-Videos auf YouTube und schließlich sogar Hacker-Attacken auf die Website des Senders. Der zuständige Redakteur versuchte noch, den Beitrag damit zu entschuldigen, dass er nicht ernst gemeint sei. Allerdings sorgte seine Ergänzung, dass zu viel Computerspielen wohl nicht gerade beim Verständnis von Texten helfe, für weiteren Unmut. Später entschuldigte er sich aber auch für diese Entschuldigung. Schließlich postete auch die *Explosiv*-Redaktion die übliche Floskel: »Wenn wir damit Gefühle verletzt haben sollten, entschuldigen wir uns ausdrücklich dafür.« Danach ließ sie den Beitrag unter dem Verweis auf das Urheberrecht von sämtlichen Plattformen löschen. Anzeigen gegen RTL und Forderungen, den Sender zu rügen, liefen jedoch ins Leere. Der Vorfall zeigte vor allem, dass die Gamer-Community mittlerweile so groß und gut vernetzt war, dass polemische Angriffe einer vermeintlichen Mehrheitsgesellschaft nicht mehr ohne Weiteres hingenommen wurden.

BOCK AUF BLÖCKE

Mit 180 Millionen verkauften Einheiten erwies sich *Minecraft* (siehe Seite 13), das 2011 in seiner endgültigen Version veröffentlicht wurde, als der Gaming-Blockbuster des Jahrzehnts. Dabei klang das Konzept nicht besonders originell: Eine sehr eckige Grafik aus Polygon-Blöcken, kein Spielziel, eine Open World ohne besondere Merkmale, aber mit der Möglichkeit zu craften. Craften (englisch *to craft*, »basteln« oder »fertigen«) bezeichnete schon vorher die Möglichkeit, in Games besondere Gegenstände wie magische Schwerter oder wichtige Items herzustellen. In *Minecraft* kann man Teile der Spielwelt abbauen (*to mine*) und mit ihnen dann alles mögliche herstellen – von der Diamantenhacke bis zum Schneeball. Als besonders beliebt stellte sich der Kreativmodus heraus. Hier muss man weder gegen Monster kämpfen noch Nahrung sammeln, sondern kann einfach »herumspielen«. Aus den *Minecraft*-Blöcken sind schon alle möglichen Bauwerke aus Realität und Fiktion nachgebaut worden. Darunter die Titanic, Minas Tirith aus *Der Herr der Ringe* oder der Kontinent Westeros aus *A Game of Thrones*: Man könnte meinen, die ganze Welt ist schon in *Minecraft* hochgezogen worden. Minecrafter bauten sogar schon funktionsfähige Computer in ihren Spielwelten – auf denen eine 2-D-Version von *Minecraft* läuft.

Der Grund für den Erfolg von *Minecraft* könnte in seiner kompletten Offenheit liegen. Zum einen ermöglicht diese Offenheit die Art von Spiel, die weniger an geregelte Brettspiele erinnert, sondern mehr an das vollkommen freie Spiel von Kindern mit Bauklötzen oder Lego. Zum anderen sorgte diese Offenheit aber auch für eine Leerstelle – die von findigen Menschen bei YouTube oder später Twitch genutzt wurde. Denn wer von der grenzenlosen *Minecraft*-Freiheit überfordert war, fand schnell Onlinevideos, in denen man anderen beim Spielen zugucken konnte. So fand man sich selber besser in *Minecraft* zurecht, entdeckte aber auch den Unterhaltungswert von Let's Plays. Und selbst in der Erziehungswissenschaft war die Welt der vielen Klötzchen schnell angesagt. In *Minecraft: Education Edition* stellen Lehrkräfte ihren Klassen Rätsel, um ihre Kenntnisse in Physik oder Geschichte auf die Probe zu stellen oder Inhalte zu vermitteln. Eine Schule in Schweden führte sogar *Minecraft*-Unterricht ein. Die Lehrerin Monica Ekman von der Viktor-Rydberg-Schule in Stockholm erklärte in einem Artikel im *Stern*: »Die Schüler lernen etwas über Städteplanung und Umweltprobleme.«

LESEN ÜBER GAMES: WEB-ANGEBOTE STATT GEDRUCKTEM SPIELEJOURNALISMUS

Das Zeitungssterben der 2010er-Jahre machte auch vor den pixeligen Bereichen des Blätterwaldes nicht halt. Die Auflagen von *Computer Bild Spiele* (*CBS*) und *GameStar* sanken stetig, 2016 beendeten beide Magazine das Veröffentlichen ihrer Verkaufszahlen und 2019 stellte die *CBS* ihre Printausgabe ein. Der Spielejournalismus war endgültig im Online-Bereich angelangt. Vor allem auf YouTube stiegen die Views von Gaming-Inhalten – aber nicht nur dort. Seit 2011 gibt es Twitch, eine Streamingplattform mit Gaming-Videos – von Walkthroughs über Speedruns bis zu abgefilmten analogen Spielrunden. Die Zugriffszahlen dort stiegen rasant und 2014 kaufte Amazon Twitch für 970 Millionen US-Dollar. Ob bei YouTube, Twitch oder anderswo: Allein 2017 sahen sich rund 666 Millionen Menschen auf der ganzen Welt Videogame-Inhalte online an.

In der deutschen Medienlandschaft sendet seit 2015 Rocket Beans TV auf YouTube, Twitch und einigen weiteren Plattformen. Das Format, das vor allem von Ehemaligen von *GIGA\\GAMES* und *Game One* betrieben wird, ist mittlerweile einer der medialen Leuchttürme der Gaming-Szene.

NEUSTARTS

Print ist tot, heißt es immer. Print war einfach nur low an Hitpoints, antwortete der Spielejournalismus in den 2010er-Jahren und kramte im Inventar nach Healing Potions. 2012 starteten gleich drei neue Printprodukte: die *WASD*, das Bookazine für Gameskultur, die *Retro Gamer* und die *Chip Power Play*. Die ersten beiden trafen die

Geschmäcker ihrer Zielgruppen – anspruchsvolle Game-Nerds beziehungsweise Retro-Fans – und etablierten sich am Markt. Die *Chip Power Play* dagegen, ein Neustart der *Power Play,* wurde dagegen schon 2013 eingestellt. 2017 ging mit *Games Inside (GAIN)* ein weiteres unabhängiges Magazin für Spielkultur an den Start.

DER ULTIMATIVE KICK

Es begann mit einem unerwarteten Geldsegen: 2012 erhielt das Entwicklungsstudio Double Fine Productions etwa 3,4 Millionen Dollar für sein nächstes Game. Das war an sich nicht ungewöhnlich. Ungewöhnlich war allerdings, dass das Geld nicht von einem großen Publisher kam – sondern direkt von der gamenden Kundschaft. Denn Studiochef Tim Schafer hatte etwas vollkommen Neues ausprobiert: das nächste Projekt bei kickstarter.com einzustellen. Kickstarter, gegründet 2009, ist eine der ersten und erfolgreichsten Crowdfunding-Plattformen. Crowdfunding bedeutet in diesem Zusammenhang, dass die Käuferschaft – die »Backer« – sich schon vor Produktionsbeginn dafür entscheiden kann, ein Produkt zu unterstützen. Das Geld geht dann direkt an das Studio und die Crowdfunding-Plattform enthält einen Prozentsatz.

Crowdfunding funktioniert natürlich nur, wenn man auch ein großes Publikum erreicht. Als Kopf hinter legendären Videogames wie *Day of the Tentacle* und *Grim Fandango* sowie als Co-Entwickler der *Monkey-Island*-Reihe hatte Schafer natürlich einen mächtigen Promi-Bonus. Aber auch er war überrascht von seinem Erfolg. Im Interview mit venturebeat.com sagte Schafer, er habe gehofft, dass alle ihr Ziel von 400 000 Dollar bis zum Ende der 30 Tage Frist erreichen würden. Mit einer Million innerhalb von 24 Stunden sei ihnen allerdings klar gewesen, dass sie etwas Einzigartiges vor sich hätten. Das Projekt – aus dem das Adventure *Broken Age* hervorging – nahm die bis dahin größte Kickstarter-Summe ein und weckte die Aufmerksamkeit der gesamten Games-Branche. Denn auf einmal waren Entwickler nicht mehr abhängig von Publishern, gespartem Eigenkapital oder Investoren. Wer die eigene Idee gut rüberbringen konnte und einen überzeugenden Finanzplan hatte, konnte direkt an die Leute da draußen verkaufen. Schon bald surften zahlreiche Studios auf der Kickstarter-Welle. Noch 2012 finanzierte die Crowd die digitale Rückkehr des Kultrollenspiels *Shadowrun* und des schmierigen Adventure-Antihelden Larry Laffer. Aber die neue Crowd-Ökonomie war nicht ohne Risiko. Als Double Fine mitten in der Produktion feststellte, dass das Geld nicht ausreichte, veröffentlichte das Studio die erste Hälfte von *Broken Age*. Nur mit den Einnahmen daraus konnte die Produktion des zweiten Teils finanziert werden. Der größte Kickstarter-Erfolg im Bereich Games, das Weltraum-Strategiespiel *Star Citizen*, ist ebenfalls 2012 gestartet, hat mittlerweile auch dank Nachfinanzierungen mehr als 275 Millionen US-Dollar erhalten – und ist immer noch nicht veröffentlicht. Doch im Großen und Ganzen ist das Vertrauen in Kickstarter und andere Crowdfunding-Plattformen stabil geblieben. Nur Geduld muss man mitbringen: Die Mehrzahl der »gebackten« Games brauchen mindestens ein Jahr länger als geplant bis zur Fertigstellung. Und mit jedem Projekt die Flammen der Begeisterung neu zu entfachen, ist eine anstrengende Arbeit: Mittlerweile sind viele Indie-Producer wieder zum üblichen Geschäftsmodell mit Publisher-Partnerschaften zurückgekehrt. Dafür haben viele Brettspielfirmen das Crowdfunding für sich entdeckt und mittlerweile sammeln manche Millionenbeträge, gegen die die 3,4 Millionen für *Broken Age* klein aussehen.

EIN GENRE KOMMT WIEDER

Der Erfolg von *Broken Age* war auch ein Anzeichen dafür, dass das so ziemlich tot geglaubte Genre des Point-and-Click-Adventures mindestens noch ein Extraleben hatte. Dabei waren natürlich immer wieder neue Adventures erschienen, nur eben nicht so viele wie in der goldenen Ära von Mitte der 1980er bis Ende der 1990er. Jetzt erlebte das Genre einen zweiten kleinen Boom, und das aus zwei Gründen. Zum einen erleichterten mobile Geräte wie Tablets und Smartphones seit etwa 2010 das Spielen und ermöglichten es, mal eben an der Bushaltestelle oder im Wartezimmer ein Adventure zu bestehen. Zum anderen war die Nostalgie der Generation Y und älterer Jahrgänge, die mit Adventures aufgewachsen waren, mittlerweile ein beachtlicher Wirtschaftsfaktor geworden. Gerade in Deutschland erschienen eigene Spiele wie die *Deponia*-Reihe oder *Satinavs Ketten*, eine Umsetzung des wahrscheinlich bekanntesten deutschen Rollenspiels *Das Schwarze Auge*.

IST DAS NOCH DIE REALITÄT?

2013 war in Städten auf der ganzen Welt ein geheimer Krieg ausgebrochen. Ein Krieg zwischen den Erleuchteten und dem Widerstand. Bis heute suchen die Mitglieder beider Gruppen Portale, durch die eine fremde Materie in die Welt hineinsickert. Die Erleuchteten wollen die Portale öffnen, der Widerstand will sie schließen. Die Portale existieren in der Welt des Games *Ingress* – aber wer *Ingress* spielen will, muss in der realen Welt umherlaufen, um mit ihnen zu interagieren. Als eines der ersten Augmented-Reality-Games (also übersetzt Erweiterte-Realität-Spiele) nutzte *Ingress* Smartphone-Technik mit Geotracking, um die ganze Welt zu einem Spielfeld zu machen. Mit den Geodaten von OpenStreetMap wurden urbane Merkmale wie Statuen oder Graffiti zu Portalen, die beide Game-Fraktionen aufsuchen und für sich beanspruchen können.

Da das Entwicklungsstudio Niantic Labs zu Google gehört, gab es auch verhaltene Kritik daran, dass *Ingress* sich zum Sammeln von Bewegungsdaten und Fotos eignet. Sascha Lobo schrieb 2013 bei *Spiegel Online*: »Selbst Google-Skeptiker sammeln per *Ingress* Bewegungs- und Landschaftsdaten aller Art.« Für Niantic war das Game nur der erste Schritt, um das Spielsystem mit einer eigenen Spielwelt zu testen. 2016 brachte das Unternehmen *Pokémon GO* heraus, ein AR-Game im *Pokémon*-Universum. Innerhalb des ersten Monats brach *Pokémon GO* laut Guinessbuch gleich fünf Rekorde für Mobile Games: höchster Umsatz, die meisten Downloads, an der Spitze der meisten international Download- und Verkaufs-Charts gleichzeitig und am schnellsten die 100-Millionen-Dollar-Marke erreicht. 2019 erschien nach dem gleichen Muster *Harry Potter: Wizards Unite*, das aber weniger erfolgreich war.

DIE HÄSSLICHE SEITE DER GAMER

Brianna Wu erzählte 2014 im Interview mit *The Guardian*, dass sie einfach das Haus verlassen habe. Und dass sie einfach nicht wisse , wo sie diese Woche oder sogar nächsten Monat wohnen werde. Dabei wurde sie weder von der Mafia noch vom Ku-Klux-Klan bedroht. Sondern vielmehr von Leuten, die sich selbst als Gamer bezeichneten. Sie war in die Gamergate-Kontroverse geraten.

Alles begann mit den Online-Angriffen auf Zoë Quinn, bekannt für das Spiel *Depression Quest*. Der Ex-Freund von Quinn hatte in einem Blogpost behauptet, Quinn hätte eine Affäre mit einem Games-Journalisten angefangen, damit dieser positive Bewertungen über Quinns Spiele schreibt. Aus diesen haltlosen Vorwürfen begann eine Welle von Online-Belästigungen, die vor allem von männlichen Gamern ausging und sich gegen Frauen und nicht-binäre Menschen – wie Quinn – in der Gaming-Industrie richteten. Die Gamergater behaupteten, dass die Spieleindustrie und die Gaming-Presse korrupt seien und den unpolitischen Gamern politische Themen unterjubelten. Insbesonders als feministisch und queer empfundene Themen wurden vehement abgelehnt. Die Online-Bewegung überzog ihre Opfer mit Morddrohungen, Beleidigungen und Cybermobbing. So musste die Games-Journalistin Anita Sarkeesian wegen Attentatswarnungen einen Vortrag an der Utah State University absagen. Sarkeesian hatte zuvor frauenfeindliche Tendenzen in Videogames analysiert. Brianna Wu hatte die Gamergater online verspottet, daraufhin war ihre Privatadresse veröffentlicht worden und sie musste wegen Androhungen von Mord und Vergewaltigung ihr Haus verlassen.

Die Ziele der Bewegung waren vor allem Frauen, die sichtbar in der Gaming-Community waren. Anscheinend befürchteten viele männliche Gamer, dass ihre traditionellen Videogames sich durch mehr weiblichen Einfluss ändern könnten. Organisiert hatte sich Gamergate vor allem über das Onlineforum 4chan, aber auch Twitter, Reddit und You-

Tube wurden genutzt. Ein Teil der Gamergate-Bewegung äußerte sich schon in der Anfangszeit nicht nur anti-feministisch und queer-feindlich, sondern auch antisemitisch und rechtsradikal. Das Wachstum der rechtsextremen Alt-Right-Bewegung hat vermutlich viel mit den Aktivitäten von Gamergate zu tun. Viele der betroffenen Frauen müssen bis heute in der Anonymität leben.

DIE NÄCHSTE STUFE DER GAMEVOLUTION

Während die Gamescom mehr als stabil weiterlief und schon 2013 ein Publikum von mehr als 340 000 Spielefans anlockte, war ebenfalls in Nordrhein-Westfalen ein weiterer Gaming-Event aus dem Boden gewachsen: Das Next Level Festival verband 2010 zum ersten Mal Gaming mit Kunst, Bildung und Wirtschaft. Aus einer zweitägigen Konferenz wurde in den folgenden Jahren ein viertägiges interaktives Festival. Kunstgruppen setzten sich mit Videogames auseinander, ließen die Teilnehmenden Monster in der Innenstadt jagen oder brachten ein goldenes Kalb zum Tanzen. Der Wuppertaler Philosophieprofessor Bazon Brock dachte in seinem Vortrag »Next Level 1914. Algorithmus als Feuerkraft: Großväter erzählen vom kommenden Krieg« über verschwimmende Grenzen zwischen Kriegs-Game und Drohnenkrieg nach. Die Festivalkonferenz war ein weiteres Indiz dafür, dass Games gleich auf mehrere Arten ernst genommen wurden: als Kunstform, als Lernmöglichkeit und als Wirtschaftsfaktor. Die ersten Next Level Festivals fanden in Köln statt, dann wanderte die Konferenz nach Düsseldorf, dann nach Dortmund und schließlich nach Essen.

MIT ORKS IM KINO

Der Filmkritiker Ryan Syrek schrieb über den Film *Warcraft – The Beginning* von 2016, dass es eines Tages eine Videospieladaption geben werde, die Liebhaber des Genres und Filmliebhaber vereine. Heute sei nicht dieser Tag.« Dies liest sich auch als ein Fazit aus fast 30 Jahren Videogame-Verfilmungen. Der *Warcraft*-Film war zwar mit einem Einspielergebnis von 439 Millionen US-Dollar ein Kassenerfolg, aber für die Kritik sah das alles nicht so überzeugend aus. Zu viel Inhalt hatte Regisseur Duncan Jones in die Game-Verfilmung gepackt, zu viel Vorgeschichte hatte sich in mehr als 20 Jahren *Warcraft*-Historie angesammelt. *Warcraft*-Fans fanden sich in dem Film einigermaßen zurecht. Zum Glück für Blizzard und die beiden beteiligten Filmstudios Legendary Pictures und Universal Pictures spielten 2016 mindestens fünf Millionen Menschen *WOW* – laut statista.com. Und auch wenn in den USA nicht viele Leute in die Kinos strömten, fand *Warcraft* auf dem internationalen Markt sein Publikum. In China brach die Orks-treffen-zum-ersten-Mal-auf-Menschen-Story gleich mehrere Rekorde mit Einnahmen von 46 Millionen US-Dollar schon am ersten Tag. Das Schlimmste war übrigens schon im Vorfeld verhindert worden: »Wir werden die Filmrechte nicht verkaufen, nicht an Sie – schon gar nicht an Sie.« An diese Reaktion von Blizzard erinnert sich Uwe Boll laut MTV, nachdem er Interesse daran bekundet hatte, die Regie bei *Warcraft* zu übernehmen.

Trotzdem, so langsam schien sich in der zweiten Hälfte der 2010er die Qualität der Videogame-Verfilmungen auf solides Mittelmaß einzupendeln. Nach der offiziell anerkannten Gurke *Assassin's Creed* von 2016 – nominiert für fünf

Goldene Himbeeren – erwiesen sich die Verfilmungen *Tomb Raider*, *Sonic The Hedgehog* und *Detective Pikachu* als recht unterhaltsam. Selbst die trashige Arcade-Game-Verfilmung *Rampage*, in der Dwayne Johnson gegen einen mutierten Riesenalligator und einen riesigen Fledermauswolf kämpft, hatte einen gewissen Unterhaltungswert.

OUT OF AFRICA

Mitte der 2010er hatte sich eine eigene Gaming-Szene auf dem afrikanischen Kontinent entwickelt: Ihre Produkte waren unter anderem das Action-RPG *Aurion: Legacy of the Kori-Odan* aus Kamerun, die Mobile-Game-Reihe *True Ananse* aus Kenia und *Aboki Run* aus Nigeria. Neu gegründete Start-ups begannen mit der Umsetzung spezifisch afrikanisch-kultureller Themen. Und angesichts einer halben Milliarde mobil spielender Menschen in allen afrikanischen Ländern gibt es heute noch Potenzial für Wachstum – auch über die Grenzen des Kontinents hinweg. So finanzierten 2020 »Backer« aus aller Welt die Produktion des Massive Multiplayer Online Games *The Wagadu Chronicles* über Kickstarter.

ICH KANN SEHEN … IN 3-D!

Virtual-Reality-Games waren lange Zeit so etwas wie der Heilige Gral der Gaming-Industrie. Gefühlt seit den 1980er-Jahren hieß es immer wieder, dass in Kürze der Durchbruch dieser Technologie bevorstehe. Erste Versuche in den 1990ern kamen nicht zur Marktreife – wie das Sega VR – oder scheiterten an Software-Inkompatibilität, hohem Preis und niedriger Bildauflösung– wie das Forte VFX1. Erst 2016 schien das Versprechen einer virtuellen Gaming-Realität in Erfüllung zu gehen, als die Oculus Rift in den Handel ging. Dabei glich die Entwicklung einer Achterbahnfahrt. Das Projekt spielte 2012 mit einer Kickstarter-Kampagne fast 2,5 Millionen Dollar ein. Die Begeisterung endete jedoch jäh, als Facebook 2014 die Entwicklungsfirma Oculus aufkaufte. Viele »Backer« reagierten mit Empörung und natürlich – wir befinden uns im Zeitalter der Shitstorms – gab es Todesdrohungen gegen Oculus-Beschäftigte. Als das Gerät 2016 erschien, war sich die Kritik allerdings einig: Das lang erwartete VR-Set für zu Hause war jetzt endlich da.

Bald erweiterte sich der Markt: Sony brachte die PlayStation VR heraus, Google experimentierte mit Brillengestellen, in die man ein Smartphone einführen kann, das dann eine virtuelle Realität anzeigt. Auch Samsung, LG und Tencent entwickelten eigene Geräte. 2020 stellte Facebook den Verkauf von Oculus in Deutschland ein – die Aufsichtsbehörden sahen Probleme wegen der Weitergabe von Daten. Mittlerweile sind verschiedene Oculus-Versionen in Deutschland erhältlich, aber ein Entschluss des Europäischen Gerichtshofes in Sachen Datenschutz steht wohl noch aus (Stand: Juli 2021).

LAST AVATAR STANDING

Wie schon der Erfolg von Minecraft verblüffte der nächste große Hit die Gaming-Insider: Eigentlich war *Fortnite* nur ein weiterer Shooter mit Battle-Royale-Modus, wie schon so viele andere zuvor. Trotzdem spielten das Game 2018 unglaubliche 200 Millionen Menschen gleichzeitig. Am bekanntesten und am häufigsten gespielt ist der Free-to-Play-Modus. Hier landen 100 Avatare auf einer Karte, können alle möglichen Waffen finden und mit ihrer Spitzhacke Verteidigungsanlagen bauen. Langsam zieht an den Außenrändern der Karte ein Sturm auf, in dem man Schaden erleidet. Nach und nach wird das Auge des Sturms immer kleiner. Ziel des Spiels ist es, als letzter Charakter zu überleben. Am Modus Battle Royale war eigentlich nichts wirklich neu, schon bei *Bomberman* von 1990 gewann der oder die letzte Überlebende. Vielleicht den größten Einfluss hatte der japanische Film *Battle Royale* von 2000, bei dem eine Schulklasse auf einer einsamen Insel ausgesetzt wird und sich gegenseitig massakrieren muss. Anfang der 2010er-Jahre entstanden mit der Popularität der dystopischen Romanreihe *Die Tribute von Panem* erste Battle-Royale-Mods für *Minecraft* oder *Arma 2*. Anfang 2017 erschien das allgemein als stilbildend für das Genre angesehene *PlayerUnknown's Battlegrounds (PUBG)* von Bluehole Inc. und schließlich im September *Fortnite* von Epic Games. Schon 2018 gab es Beef zwischen beiden Firmen: Bluehole Inc. verklagte Epic Games und warf ihnen vor, Teile von *PUBG* abgekupfert zu haben. Doch schon kurz darauf wurde die Klage zurückgenommen – wahrscheinlich hatte man sich außergerichtlich geeinigt. Zudem gibt es gemeinsame Geschäftsgrundlagen, wie die Seite Eurogamer berichtete: Das chinesische Unternehmen Tencent besitzt Anteile an beiden Firmen und *PUBG* läuft auf der Unreal Engine von Epic Games.

Der Grund für den Erfolg von *Fortnite* könnte schlicht und einfach im packenden Gameplay liegen: Man kann nur sehr schwer aufhören. Das liegt auch daran, dass eine Runde äußerst schwierig zu gewinnen ist – schließlich muss man besser sein als 99 andere *Fortnite*-Player. Die eigene Niederlage liegt also nicht am Spiel, sondern an den anderen, an den Gegnern. Das motiviert weiterzuspielen. Nach dem Motto:

Die nächste Runde kann ich ja noch mitnehmen. Und schon ist wieder eine knappe halbe Stunde vorbei. Hinzu kommt das Free-to-Play-Prinzip, die Freigabe ab zwölf Jahren und die ansprechende bunte Grafik. Die eingebauten Tänze – auch häufiger Grund für Rechtsstreitigkeiten – hatten ein Riesenpotenzial für Memes, was ebenfalls ein Faktor ist. Durch diese Elemente vereinigte *Fortnite* genügend Alleinstellungsmerkmale, um im entscheidenden Moment ein Erfolg zu werden.

Oder es sind die Spitzhacken. Wenn zwei Spiele – *Fortnite* und *Minecraft* – zu den erfolgreichsten Games der Dekade zählen, dann muss das doch irgendwie damit zusammenhängen, dass man in beiden Spielen mit einer Spitzhacke anfängt. Oder?

ENDLICH KULTURGUT

»Computer- und Videospiele sind als Kulturgut, als Innovationsmotor und als Wirtschaftsfaktor von allergrößter Bedeutung.« War es tatsächlich Kanzlerin Angela Merkel, die diesen Satz auf der Gamescom 2017 sagte? Jene Merkel, die 2013 noch ausführte, das zu diesem Zeitpunkt 40 Jahre alte Internet sei »Neuland« für uns alle? Ja, denn anscheinend war gegen Ende des Jahrzehnts das Stigma, Videogames seien gewaltfördernde Zeitverschwendung, nicht mehr zeitgemäß. Und vielleicht hatte das Merkmal »Wirtschaftsfaktor« entscheidend dabei geholfen, die Vorurteile in den Ruhestand zu schicken. Merkel sprach 2017 auch von kommenden Fördermöglichkeiten für die Videospielbranche. Tatsächlich: 2020 kündigte das Ministerium für Verkehr und digitale Infrastruktur an, 250 Millionen Euro für Förderungen zur Verfügung zu stellen. Ob ein Kulturgut bei einem Infrastrukturministerium gut aufgehoben ist? Das wird sich zeigen. In den vergangenen Jahren hat die Branche in Deutschland eher Arbeitsplätze abgebaut.

WHO STUFT VIDEOSPIELSUCHT ALS GESUNDHEITSPROBLEM EIN

Im Juni 2018 verunsicherte die Weltgesundheitsorganisation den zockenden Teil der Menschheit: Videospielsucht, *gaming disorder*, sollte in die *Internationale statistische Klassifikation der Krankheiten und verwandter Gesundheitsprobleme (ICD)* aufgenommen werden. Die Reaktion aus Medizin, Psychologie und Gaming-Community waren gemischt: Einige waren schon länger für diesen Schritt, andere warfen der WHO vor, Eltern in Panik zu versetzen und normales Spielverhalten zu stigmatisieren. Dabei sind die Kriterien der WHO recht streng, Betroffene werden erst als spielsüchtig eingestuft, wenn sie mindestens zwölf Monate nachweislich die Kontrolle über ihr Spielverhalten verloren haben, das Spielen immer mehr ihren Alltag dominiert und sie weiterspielen, selbst wenn schon erhebliche negative Folgen aufgetreten sind.

Die Aufnahme in die *ICD* ist erst mit Beginn des Jahres 2022 offiziell. Bis Behandlungen von Krankenkassen übernommen werden können, wird also noch etwas Zeit vergehen. Und laut einer Studie der Unis Stuttgart-Hohenheim und Münster stellt für die meisten Menschen Computerspielsucht nur selten ein dauerhaftes Problem dar. Etwa drei Viertel der Betroffenen beendeten ihr problematisches Spielverhalten wieder.

Hilfe bei Computerspielsucht bietet unter anderem die Website www.computersuchthilfe.info.

LEVEL 6: JETZT

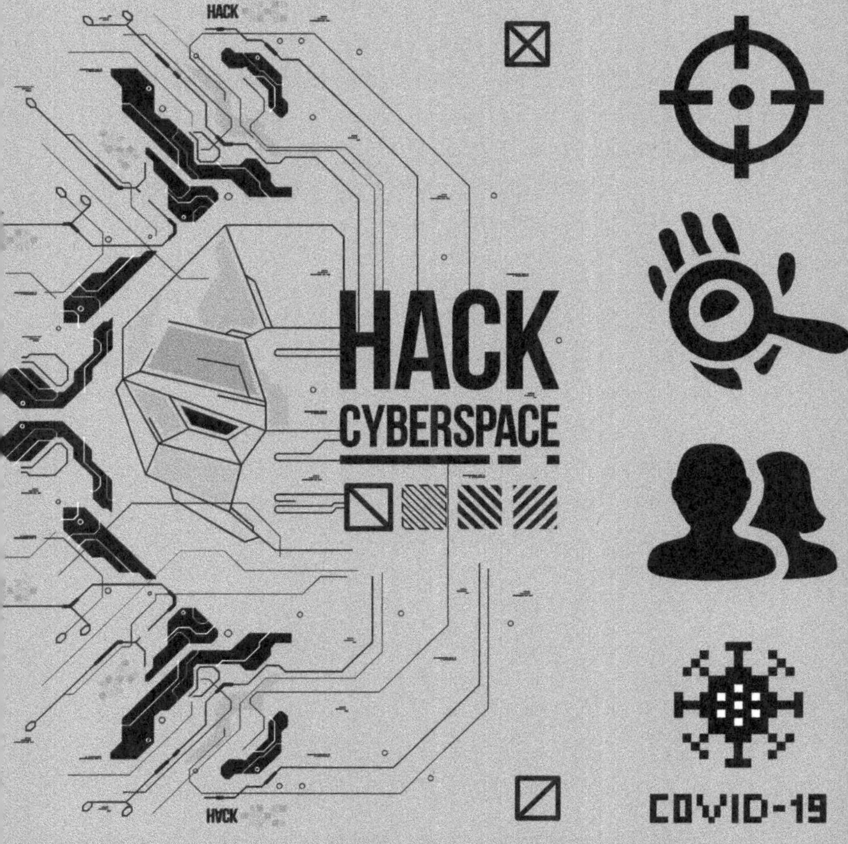

GAMES HEUTE ... UND MORGEN

Schon lange bevor die Coronapandemie die Welt in den Würgegriff nahm, kannten die Hardcore-Gamer ein passendes Rezept: einfach zu Hause bleiben, zocken und nur rausgehen, wenn es notwendig ist.

CORONA UND GAMES

Der Beginn der Pandemie hatte einen enormen Einfluss auf die Videogame-Industrie. Ihre weltweiten Einnahmen stiegen um 20 Prozent auf rund 150 Milliarden Dollar, was größtenteils durch die ersten Lockdowns und ausgefallene Freizeitangebote zu erklären ist. Und auch wenn ein Teil dieser Summe auf die neueste Konsolengeneration mit Xbox Series X/S und PlayStation 5 entfällt, machten Mobile Games mittlerweile ungefähr die Hälfte des Umsatzes aus. Trotzdem hatte ab 2020 auch die Game-Branche mit Einschränkungen zu kämpfen. Zahlreiche Projekte wie *The Last of Us 2* oder *Iron Man VR* verzögerten sich, weil die Beschäftigten der Entwicklungsstudios ins Homeoffice ausweichen mussten. Außerdem sorgte der weltweite Trend zum Heimbüro für eine erhöhte Nachfrage nach Laptops und PCs, die wiederum zu einer erhöhten Nachfrage nach Halbleiter-Chips führte. Dazu kamen pandemiebedingte Fabrikschließungen. Vor diesem Hintergrund stand die neueste Generation der Gaming-Konsolen nur einem Bruchteil der Interessenten zur Verfügung. Landeten Lieferungen im Handel, so waren sie im Handumdrehen ausverkauft. Erst Mitte 2021 sah es allmählich so aus, als ob der Mangel langsam behoben werden konnte.

Zusätzlich zu Videogames boomten Online-Gesellschaftsspiele – was zwei Gründe hatte. Denn erstens waren jetzt Alternativen zum Spieleabend gefragt. Und zweitens war der Spieleabend auch wieder eine Freizeitalternative, so ganz ohne Kinos, Konzerte und Sportveranstaltungen.

Spiele-Nerds konnten auf Plattformen wie Board Game Arena oder Tabletop Simulator ihre gewohnten Titel wie *Catan* oder *Pandemic* spielen. Pen-and-Paper-Rollenspiele über Websites wie Roll20 oder Fantasy Grounds Unity nahmen massiv zu. Bisher waren sie eine von wenigen geliebte Variante des Hobbys gewesen. Doch in der Pandemie erwies sich das Spielen per Videokonferenz als einzige Möglichkeit – und aus der Notlösung erwuchs ein Boom. Auch wer normalerweise kaum Zeit zum Zocken hatte, konnte jetzt den Feierabend in der digitalen Rollenspielrunde verbringen. Für rein digitale Gesellschaftsspiele brach eine neue Zeit heran. Das Zeichen- und Ratespiel *Gartic Phone* erfreute sich großer Beliebtheit – ebenso wie das Verräterspiel *Among Us*, bei dem eine Person auf einem Raumschiff alle anderen sabotieren muss.

Und noch ein Spiel fiel während der Coronapandemie auf: *Plague Inc.* ist zwar schon etwas älter (2012), traf aber jetzt den Nerv der Zeit.

DADDELNDER POLITIKER

»Bis zu zehn Level *Candy Crush* schaffe ich«, sagte 2021 der Linke-Politiker Bodo Ramelow auf der Onlineplattform Clubhouse. Was nach einer soliden Durchschnittsleistung bei einem Casual Game klingt, sorgte für Befremden in der Öffentlichkeit. Denn im Gegensatz zu vielen Durchschnittsmenschen spielte Ramelow das bonbonbunte Handy-Game nicht auf dem Klo oder im Bus, sondern während der Ministerpräsidentenkonferenz zur Pandemiebekämpfung. Für die Opposition Grund zur Kritik, denn ein daddelnder Ministerpräsident sei ungeeignet, eine Gesundheitskrise zu managen. Ramelow bat bei Twitter um Entschuldigung und fügte im dpa-Interview dazu: »Die einen spielen *Sudoku*, die anderen spielen auf ihren Handys *Schach* oder *Scrabble*.« Er entspanne halt während einer zehnstündigen Sitzung zwischendurch mit *Candy Crush*.

CYBERPUNK ODER CRUNCHPUNK?

Auf der Zielgeraden wurde es knapp: Nachdem eine ziemlich große Fangemeinde ziemlich lange warten musste, erschien im Dezember 2020 *Cyberpunk 2077* von CD Projekt Red. Zuerst musste das polnische Entwicklungsstudio lange Zeit Kritik – inklusive Morddrohungen, wir sind im Jahr 2020 – wegen der immer wieder nach hinten verschobenen Veröffentlichung einstecken. Dann gab es Kritik wegen der Arbeitsbedingungen. Denn in den Wochen – oder, je nach Quelle, in den Monaten – vor der Veröffentlichung war »Crunch« angesagt, also Überstunden ohne Ende für das Team. Dabei hatte CD Projekt versprochen, auf diese fragwürdige branchenübliche Praktik zu verzichten. Die Diskussion erweiterte sich bald auf die gesamte Branche, da viele andere Publisher und Entwickler nie angekündigt hatten, auf Crunch zu verzichten, und das auch nicht taten. Dazu kamen viele Stimmen, die inhaltliche Kritik zum Spiel äußerten: *Cyberpunk 2077* sei trotz Verzögerung und trotz Crunch total verbuggt und fühle sich nicht fertig an. Auf älteren Konsolen wie der PlayStation 4 war das Game in der Tat kaum spielbar, auf High-End-Rechnern und der neuesten Konsolen-Generation lief es flüssig. Ebenso gemischt waren die Rezensionen. Für die *GameStar* war es »eines der besten Open-World-Spiele aller Zeiten«, für das *National Public Radio* in den USA dagegen nur Blendwerk: »Es ist alles Oberfläche, keine Tiefe. Alles nur Signal, kein Inhalt.« Fast jede Kritik ging auf die je nach Spielgerät sehr unterschiedliche Performance ein. Das Magazin *4Players* bewertete zum Beispiel *Cyberpunk 2077* auf PS4 und Xbox One mit nur 39 Prozent, auf dem PC mit satten 90 Prozent. Dabei hatte es im Spielejournalismus der letzten Jahre beinahe den Anschein gehabt, dass technische Daten und Fakten nicht mehr eine so große Rolle spielten.

Immerhin schloss die Veröffentlichung aus dem Jahr 2020 einen thematischen Kreis. Denn die Basis für *Cyberpunk 2077* war ein Pen-and-Paper-Rollenspiel aus dem Jahr 1988, das sein Erfinder Mike Pondsmith damals einfach nur *Cyberpunk* genannt hatte. Die zweite Edition sollte später *Cyberpunk 2020* heißen. Es spielt in der damals »fernen Zukunft« des Jahres 2020: In dieser Welt sind Nationalstaaten Geschichte und Weltkonzerne haben ihren Platz eingenommen. Die Menschen kommunizieren über ein unglaublich fortschrittliches Computernetzwerk und verbessern ihre Körper mit technischen Gadgets. Pondsmith sagte 2020 dem Magazin *Wired*, dass Cyberpunk, wenn man es genau nehme, das sei, was passieren würde, wenn die Welt, in der wir jetzt leben, zehn oder 20 Jahre später angesiedelt wäre. Das Genre Cyberpunk war in den 1980ern und 1990ern eine Vision, wie sich die von Reagan, Thatcher und dem eisernen Vorhang geprägte Welt weiterentwickeln würde. Und auch wenn sich ein Teil der Vision erfüllt hat, ist das für Pondsmith nicht die Hauptsache. Im Kern des Genres Cyberpunk steckt für ihn auch immer der Dreh, die Dinge in die eigene Hand zu nehmen. Pondsmith geht es um den Underdog, der Hacking und halb legale Software nutzt, um die Oberhand gegenüber scheinbar allmächtigen Konzernen zu gewinnen. Insofern ist *Cyberpunk* – ob als Rollenspiel oder Videogame – vielleicht das richtige Spiel für den Beginn der 2020er. Auch wenn der Herstellungsprozess nicht frei von Kontroversen war.

VIELE NEUE SPIELE

Wie sich die Entwicklung der Videogames in den kommenden Jahren fortsetzt, bleibt offen. Dass die Menschen nach dem Ende der Covid-19-Pandemie wieder mehr ins Restaurant, auf Konzerte und zu Sportveranstaltungen gehen werden, scheint wahrscheinlich. Ob das zu mehr AR-Games und Mobile Games führen wird, weil niemand mehr alleine in der Bude sitzt und zockt? Die Publisher setzen erst einmal auf bewährte Titel und haben auf der Electronic Entertainment Expo 2021 neue Titel für bekannte Reihen wie *Battlefield*, *Halo*, *Final Fantasy*, *Zelda* und sogar *Metroid* angekündigt.

Der Überraschungserfolg des Jahres ist bisher *Valheim*, ein Open-World-Game mit Crafting-Elementen und Wikinger-Mythologie. Als Serious Games ist 2021 *Hidden Codes* aufgefallen. Das Spiel der Bildungsstätte Anne Frank zeigt, wie (Rechts-)Radikalisierung in sozialen Netzwerken abläuft. Und schon seit 2018 wartet die Spielewelt auf ein Handy-Game: *Proxi*, das nächste Spiel von *Sims*-Erfinder Will Wright. Bei diesem Spiel könne man, so Wright, seine eigene innere Identität aufdecken und an die Oberfläche bringen und so schließlich mit ihr interagieren. Etwas oberflächlicher ist das kommende Spiel *Subverse* – ein Sci-Fi-RPG mit erotischen Inhalten, das 2019 mit zwei Millionen

Dollar auf Kickstarter finanziert wurde und 2021 mit 25 000 gleichzeitig aktiven Spielen auf der Liste der 100 meistgespielten Games auf der Plattform Steam landete.

Ob erotisch, actionreich, serious, indie, kommerziell, mobil, künstlerisch wertvoll oder trashig: 60 Jahre elektronische Spiele waren erst der Anfang. Da kommt was auf uns zu.

GLOSSAR

3,5-Zoll-Diskette: Magnetischer Datenspeicher mit 360 bis 1440 KiB.

Analogcomputer: Elektronische Rechenmaschine ohne Programmierung, die mit Verkabelungen und Schaltungen kalkuliert.

Arcade-Automat: Ein Computerspiel in einem fest verbauten Rahmen, bei dem man mit Münzeinwurf ein Spiel startet.

Autosave: Das automatische Erstellen von Speicherständen, seit ein paar Jahren der Industriestandard. So ist der Spieler geschützt, das Speichern versehentlich zu vergessen. Der Nachteil ist, dass man sich die zu speichernde Stelle nicht mehr aussuchen kann – zum Beispiel, wenn man vor dem Endkampf festgestellt hat, dass man besser noch Heiltränke aufgefüllt hätte.

Avatar: Die eigene Spielfigur im Videogame. Der Name kommt aus dem Sanskrit und bezeichnet die körperliche Manifestation einer Gottheit im Hinduismus.

Beat 'em up: Englisch für »schlag sie zusammen«, Kampfspiel-Genre, siehe S. 84.

Bug: Ein Fehler im Programm. Die Folgen für ein Spiel können ganz unterschiedlich sein: Der Bildschirm ist eingefroren, das Speichern ist nicht mehr möglich, Save Games werden gelöscht – oder seltsame Dinge geschehen in der Spielwelt. Gegner bleiben in der Luft hängen oder NPCs sind halb durchsichtig: All das kann ein Bug auslösen.

Betaversion: Die noch nicht ganz fertige Version eines Videogames. Die meisten Betas enthalten schon den größten Teil des Spiels. Eine Closed Beta ist nur für einen begrenzten ausgewählten Personenkreis zugänglich, für eine Open Beta kann man sich in der Regel einfach bewerben.

Cartridge: siehe Modul

Case-Modding: Künstlerische und/oder technisch besonders aufwendige Modifikationen des Rechnergehäuses *(case)* eines Spiele-PCs.

Casual Game: Videogames, die *casual*, also beiläufig, nebenher gespielt werden. Meistens sind damit Mobile Games auf dem Smartphone gemeint. Viele Leute, die sich selbst als »echte« Gamer identifizieren, sehen auf Casual Gamer herab. Dabei sind Casual Games nicht immer eindeutig von anderen Spielen abzugrenzen.

Coding: Das Anwenden einer Computersprache wie BASIC oder C++, um damit Applikationen zu programmieren – wie zum Beispiel Videogames.

Controller: Ein Game-Controller ist die Schnittstelle zwischen Mensch und Computer. Also das Eingabegerät, mit dem man mit dem Videogame interagiert.

Crunchtime: Das Standardvorgehen in der Videogame-Industrie, vor wichtigen Releases oder Präsentationen 80- bis 100-Stunden-Wochen von der Belegschaft zu verlangen, um das Produkt auf das erwünschte Niveau zu heben. In letzter Zeit deutlich in der Kritik.

Cyberpunk: Variante des Genres Science-Fiction, das besonders vom Roman *Neuromancer* von William Gibson und von den Filmen *Akira* und *Blade Runner* beeinflusst wurde. Eine heruntergekommene, überbevölkerte Version der nahen Zukunft, die von allmächtigen Großkonzernen, zerstörter Umwelt, oft auch Cyborg-Implantaten und einem Gefühl von »No Future« beherrscht wird.

Dating Sim: Solche Games simulieren Partnersuche und Dating. Das Genre kommt aus Japan und wird dort Ren'ai-Simulation, auf Deutsch »Liebessimulationsspiel« genannt.

Development Hell: Wenn Videogames in ihrer Entwicklung immer wieder verzögert werden und trotz Ankündigungen einfach nicht erscheinen – dann sind sie in der Development Hell. Manchmal auch passender als Development Limbo bezeichnet. Das Produkt nennt man dann auch gerne Vapor Ware.

Dialogoption: Die Gespräche des eigenen PCs mit NPCs sind in den meisten Games auf wenige Optionen zurechtgestutzt.

DLC: siehe Download Content

Download Content: Zusätzliche Spielinhalte, die meistens gegen Geld heruntergeladen werden können.

Dungeon: Einfach übersetzt ein Verlies. Aber in Rollenspielen und Videogames ein Tunnelsystem voller Monster und Schätze, wie gemacht zum Looten und Leveln.

Dungeon Raid: Eine koordinierte Aktion in einem MMORPG, bei dem eine große Gruppe Spielcharaktere gleichzeitig in einen Dungeon eindringt.

Emulator: Im Gaming-Bereich meistens ein virtuelles Modell eines älteren Computers, das als Simulation in einem modernen Computer läuft und so das Spielen von alten Games ermöglicht, deren Betriebssysteme oder Konsolen nicht mehr existieren.

Endkampf: Der finale, wichtigste Kampf in einem Action-Titel. Eine knifflige Aufgabe für das Designteam. Wenn der Kampf zu einfach ist, beschwert sich die alte Fanbase. Wenn er zu schwierig ist, beschweren sich die Neulinge. Oder umgekehrt.

Endless Runner (auch Auto-Runner): In diesen Games – meistens 2-D-Side-Scroller – bewegt sich die Spielfigur automatisch durch eine große bis endlose Spielwelt. In der Regel muss man Hindernissen ausweichen und Loot aufsammeln.

Engine: Eine Art digitaler Rahmen, in dem alle Programme eines Games laufen.

Escape Room Game (auch Escape Games oder Escape the Room Games): Point-and-Click-Adventures, bei denen die Spielfigur aus einem Raum entkommen muss. Meistens sind damit Browser-Games gemeint. Seit den 2000ern gibt es auch viele analoge Escape Rooms, in denen kleine Gruppen von Menschen gemeinsam Rätsel lösen müssen, um den Ausgang zu finden.

Fatality: Ursprünglich aus *Mortal Kombat*. Wenn man den Gegner besiegt hat, ertönen die Worte »Finish Him« (oder »Finish Her«), und der eigene Charakter zerlegt den Unterlegenen auf besonders spektakuläre blutige Weise.

Gegnertyp: Gegnerische Wesen in Videogames sind meistens in mehrere Individuen unterschiedlicher Sorten unterteilt. So können Gegnertypen in einem Fantasy-Setting Goblins oder in einem Horror-Setting Zombies sein.

Handheld-Konsole: Gameboy und Co. sind Spielkonsolen mit eingebautem Bildschirm und Lautsprecher, die man in der Hand halten kann. Also »handgehaltene Konsolen«, auf Englisch: *handheld game consoles*.

Hit Points: Oft übersetzt als Trefferpunkte. Lebensanzeige einer Spielfigur, meisten in Computerrollenspielen. Sinken sie auf null, ist die Spielfigur in der Regel tot.

Immersion: Das Eintauchen in die Spielwelt. Je dichter die Immersion ist, umso mehr fühlt man sich beim Spielen in der Spielwelt. Immersion kann durch Ladezeiten, Lag (siehe nächste Seite), unfreiwillig komische Augenblicke oder sehr störende Elemente gebrochen werden.

Indie-Games: Videogames, die von einem unabhängigen (*independent*) Studio und kleinen Teams erstellt werden.

Index: siehe USK

IRL: *In real life*, im echten Leben als Gegensatz zum Online-Leben im Game.

Joystick: Game-Controller, der aus einem einfachen Hebel mit Knopf besteht. Für pubertierende Game-Nerds war das Wort »Joystick« natürlich schon immer ein gefundenes Fressen. (»Hihi, Freudenknüppel, hihi …«)

Klasse: Videogames sind eine Klassengesellschaft! Die Charakterklasse (auch Class, Profession, Archetyp etc.) ist eine Art Beruf, der die Fähigkeiten einer Spielfigur definiert. So können Magier in einem Fantasy-Spiel zaubern und Amazonen kämpfen.

Klon: Die Kopie eines meist erfolgreichen Spiels. Rechtlich oft in einer Grauzone, denn auf reine Spielmechanismen besteht kein Urheberrecht. Nur bei geklonten Grafiken hat man schnell eine Klage von einem Publisher am Hals.

Lag: Eine Verzögerung in Computernetzwerken. Kann bei Online-Games tödlich für den eigenen Charakter werden.

LAN: Local Area Network, ein mittelgroßes Computernetzwerk.

Leveln: siehe Upleveln

Loot: Auf Englisch so viel wie »Beute« oder »Plündergut«. Das Zeug, das man für das Besiegen von Gegnern erhält. Meistens wird impliziert, dass die Gegner den Kram dabeihaben, aber manchmal findet man zum Beispiel auch Dolche oder Münzen bei besiegten Wölfen und wundert sich, wo die das rumgetragen haben. Looten ist das Einsammeln von Loot.

Ludüre: Analog zu Lektüre und Vidüre bezeichnet Ludüre sowohl den Vorgang des Spielens als auch das gespielte Objekt selbst (von *ludum*, lateinisch für »das Spiel«).

Machinima: Filme, die mit einer Echtzeit-Computergrafik-Engine erstellt werden – also einem Videogame. Zuerst nannte man das Genre *Quake movie*, weil die ersten Machinimas mit Quake erstellt wurden. Mehr Infos S. 131 f.

Mod: Im Videogamebereich meistens die Modifikation eines bereits existierenden Games. So entstand zum Beispiel aus dem Shooter *Half-Life* das eigenständige *Counter-Strike*. Die meisten Mods starten als Hobby-Projekte.

Modul: Ein Speichermedium, das bis zum Ende des 20. Jahrhunderts im Konsolen- und PC-Bereich recht verbreitet war. Man redet auch von Steckmodulen, auf Englisch *cartridge*.

NPC: Non-Player Character sind die Spielfiguren in Games, die vom Spiel gesteuert werden.

Open World: Ähnlich wie im Real Life kann man in einem Open World Game überall hingehen und ist nicht auf einen Dungeon beschränkt.

Party: In RPGs nennt man die Gruppe von Charakteren, die durch Dungeons zieht und uplevelt, auch Party. Das kann zu Missverständnissen führen.

Patch: Ein Programm, das Fehler in einem älteren Programm beheben soll. Wörtlich übersetzt »Flicken«.

Permadeath: Eine Seltenheit in Videogames – einmal tot, immer tot. Normalerweise werden verstorbene Charaktere neu belebt oder man lädt einfach ein Save Game. Nicht so bei Spielen mit Permadeath. Der Charakter ist verloren, der ganze Loot futsch. Ein Merkmal von Rogue-likes und eine beliebte Option für einen Hardcore-Modus bei einigen Games.

PC: Kurz für Player Character, also die eigene Spielfigur.

Platform(er): Im englischsprachigen Raum werden Jump 'n' Runs als *platformer* oder *platform game* bezeichnet.

Playthrough: Ein Video, in dem jemand das Durchspielen eines Videogames demonstriert. Normalerweise mit mehr oder weniger nervenden Kommentaren.

PVP: Abkürzung für »Player versus Player« – hier treten PCs gegeneinander an. Online oder per LAN.

Quellcode: Die Textdateiversion eines Computerprogramms oder Videogames, die in einer Programmiersprache geschrieben ist. Wer die Programmiersprache beherrscht, kann mit dem Quellcode also eine neue Variante des Programms erstellen.

Quest: Kommt aus dem Altfranzösischen und beschreibt eine Heldenreise, wie in den Legenden um die Ritter der Tafelrunde. Im Videogame ist eine Quest eine Aufgabe, die der eigene Spielcharakter erledigen muss, um Geld, Erfahrungspunkte oder Loot zu erhalten. In vielen MMORPGs erkennt man NPCs mit Quests – die sogenannten Quest Giver – an den leuchtenden gelben Ausrufezeichen über dem Kopf.

Quest Giver: siehe Quest

Raid: Siehe Dungeon Raid

RAM: Die Abkürzung für »Random Access Memory«, eine Form von Datenspeicher für Computer.

Real Life: Das echte Leben, im Gegensatz zur Spielwelt.

Rundenbasiert: Nicht alle Spiele laufen in Echtzeit ab. Manche brechen die Spielhandlung in einzelne Runden herunter.

Sandbox: Sandbox-Spiele bieten unterschiedliche Möglichkeiten zur Problemlösung und zur Beschäftigung im Spiel an. Das kann zu kreativem Austoben, aber auch zu Ratlosigkeit führen. »Ich kann hier alles machen! Super! Aber was soll ich denn machen?«

Save Game: Der gesicherte Spielstand. Ist das Save Game erstellt, kann man immer wieder an dieser Stelle fortfahren.

Shooting Gallery: Ein Shooter, bei dem man wie in einem Schießstand auf immer wieder neu auftauchende Ziele schießt.

Side-Scroller: Bei diesen Spielen scrollt der Bildausschnitt zur Seite – meistens von rechts nach links. Viele Jump 'n' Runs und Beat 'em ups sind Side-Scroller.

Skin: Das Aussehen eines Avatars – also nicht nur seine Haut, sondern auch Kleidung, Haare etc. Bei vielen Online-Games ist die Skin eines Charakters fast so wichtig wie seine Werte. Manche Games verkaufen sogar besondere Skins.

Speedrun: Wie ein Walkthrough, aber auf Geschwindigkeit optimiert. Speedrun-Erfahrene schaffen das Durchspielen von Leveln oder ganzen Games in einem Bruchteil der üblichen Zeit.

Spieltheorie: Eine mathematische Methode, um in sozialen Konfliktsituationen die beste Entscheidung auszuwählen. Wichtig ist hierbei, dass der Erfolg nicht nur vom eigenen Handeln, sondern auch von den Aktionen anderer abhängt. Der Begriff »Spieltheorie« kommt daher, dass in der Anfangszeit der Forschung in diesem Gebiet die ersten Modelle auf Gesellschaftsspiele wie *Schach* oder *Dame* angewandt wurden.

Sprite: Grafikobjekte, die vor dem Bildschirmhintergrund eingeblendet werden – zum Beispiel der Mauszeiger. Das Wort *sprite* steht im Englischen für »Geist« oder »Fee«. Sprites sind nicht im Grafikspeicher zu finden, weil sie von der Hardware eingeblendet werden – sie geistern also über den Schirm.

Steampunk: Ein Untergenre von Science-Fiction, das in einem stark fiktionalisierten 19. Jahrhundert voller unglaublicher dampfgetriebener Technik angesiedelt ist. Wichtig sind auch immer jede Menge Zahnräder. Steampunk-Elemente finden sich mittlerweile auch in fast jedem Fantasy-Game.

Steckmodul: Speichereinheit für die ersten Generationen von Spielkonsolen, im englischsprachigen Raum *cartridges*.

Survival Horror: Mit den Worten »Enter the survival horror …« beginnt das Spiel *Resident Evil*, das bis heute als ein typischer Vertreter des Genres Survival Horror gilt. Bei dieser Sonderform des Action-Adventures kämpft man gegen unheimliche Monster und muss oft auch mit dunklen Umgebungen, Schockeffekten und Munitionsknappheit kämpfen.

Tower Defense: In diesen Strategiespielen platziert man Verteidigungsanlagen, die anschließend eine oder mehrere Horden von Gegnern aufhalten müssen.

Trope: Auf Deutsch auch Tropus, eine Konvention oder ein Stilmittel. Gerade in Games gibt es zahlreiche solcher Tropes. Das reicht von erzählerischen wie der Jungfrau in Nöten (unnötig sexistisch) bis zu spielmechanischen (wie Autosaves).

Upleveln: Wenn der eigene Spielcharakter ein Level dazugewinnt. Kommt ursprünglich aus Rollenspielen, Charakterlevel sind heute aber in fast jedem Genre zu finden. Upleveln löst immer auch ein kurzes Glücksgefühl bei der Person am Controller aus.

USK: Die Unterhaltungssoftware Selbstkontrolle prüft Videogames in Deutschland und gibt sie für unterschiedliche Altersgruppen frei – manche Spiele landen aber auch auf dem Index und dürfen dann nicht an Kinder und Jugendliche abgegeben werden, nicht in der Öffentlichkeit beworben und ausgestellt werden und nicht über den Versandhandel vertrieben werden. Sie müssen aber für Erwachsene legal noch erhältlich sein.

Vapor Ware: siehe Development Hell

Visual Novel: Ein in Japan verbreitetes Game-Genre, das eher ein interaktives Buch ist

Whist: Englisches Kartenspiel und Vorgänger von *Bridge*.

Zombiekalypse: Kofferwort aus »Zombie« und »Apokalypse«. In solchen Szenarien infizieren sich Menschen mit einem bizarren Erreger, werden zu fleischfressenden Untoten und die menschliche Zivilisation bricht zusammen